新刻山海經

附 新刻山海經圖

四

新刻山海經卷之五

晉　郭　璞　傳

明　胡文煥　校

中山經

中山經薄山之首曰甘棗之山共水出焉（音恭）而西流注于河其上多杻木其下有草焉葵本而杏葉（或作楛葉）黃華而莢實名曰籜（他落反）可以已瞢（音盲）有獸焉其狀如䖘鼠而文題（䖘鼠所未詳音虺字亦或作虺）其名曰難（言那或作熊也）食之已癭

又東二十里曰歷兒之山其上多橿多櫔木（音厲）是木也方莖而員葉黃華而毛其實如楝（楝木名子如指頭白而粘可以浣衣也音練或作簡）服之不忘

又東十五里曰渠豬之山其上多竹渠豬之水出焉而南流注于河其中是多豪魚狀如鮪（鮪似鱣也）赤喙尾赤羽可以已白癬

又東三十五里曰葱聾之山其中多大谷是多白堊黑青黃堊（言有雜色堊也）

又東十五里曰涹山（音倭）其上多赤銅其陰多鐵

又東七十里曰脫扈之山有草焉其狀如葵葉而赤華莢實實如椶莢（今椶木莢似皂莢也）名曰植楮可以已癙（癙病）

也淮南子曰狸頭已癙也食之不眯

又東二十里曰金星之山多天嬰其狀如龍骨可以已痤癰痤也

又東七十里曰泰威之山其中有谷曰梟谷其中多鐵或無谷字

又東十五里曰橿谷之山其中多赤銅或作橿谷之山

又東百二十里曰吳林之山其中多葌草亦菅字

又北三十里曰牛首之山今長安西南有牛首山上有館下有水未知此是非有草焉名曰鬼草其葉如葵而赤莖其秀如禾服之不憂勞水出焉而西流注于潏水音如譎詐之譎是多飛魚其狀如鮒魚食之已痔衕

又北四十里曰霍山今平陽永安縣廬江灊縣晉安羅江縣河南鞏縣皆有霍山明山以霍爲名者非一矣按爾雅大山繞小山爲霍其水多穀有獸焉其狀如貍而白尾有鬣名曰朏朏養之可以已憂謂蓄養之也普昧反

又北五十二里曰合谷之山是多薝棘未詳音瞻

又北三十五里曰陰山亦曰險山多礪石文石礪石石中磨者少水出焉其中多彫棠其葉如榆葉而方其實如赤菽菽豆食之已聾

又東北四百里曰鼓鐙之山多赤銅有草焉名曰榮草其葉如柳其本如雞卵食之已風

凡薄山之首自甘棗之山至于鼓鐙之山凡十五山六千六百七十里歷兒冢也其祠禮毛太牢之具縣以吉玉縣祭山之名也見爾雅其餘十三山者毛用一羊縣嬰用桑封瘞而不糈桑封者桑主也方其下而鋭其上而中穿之加金言作神主而祭以金銀飾之也公羊傳曰虞主用桑主或作玉

中次二經濟山之首曰煇諸之山其上多桑其獸多閭麋其鳥多鶡似雉而大青色有毛勇健鬭死乃止音曷出上黨也

又西南二百里曰發視之山其上多金玉其下多砥礪即魚之水出焉而西流注于伊水

又西三百里曰豪山其上多金玉而無草木

又西三百里曰鮮山多金玉無草木鮮水出焉而北流注于伊水其中多鳴蛇其狀如蛇而四翼其音如磬見則其邑大旱

又西三百里曰陽山多石無草木陽水出焉而北流注于伊水其中多化蛇其狀如人面而豺身鳥翼而蛇行其音如叱呼見則其邑大水

又西二百里曰昆吾之山其上多赤銅此山出名銅色赤如火以之作刀切玉如割泥也周穆王時西戎獻之尸子所謂昆吾之劍也越絕書曰赤堇之山破而出錫若耶之谷涸而出銅歐冶子因以為純鈎之劍及郡家中得銅劍一枝長三尺五寸乃今所名為干將劍汲郡亦皆非鐵也明古者通以錫雜銅為兵器也有獸焉其狀如彘而有角其

音如號號如人號哭名曰蠪蚳上已有此獸疑同名食之不眯
又西百二十里曰葌山葌音間葌水出焉而北流注于伊
水其上多金玉其下多青雄黃有木焉其狀如棠而
赤葉名曰芒草音忘可以毒魚
又西一百五十里曰獨蘇之山無草木而多水
又西二百里曰蔓渠之山其上多金玉其下多竹箭
伊水出焉而東流注于洛今伊水出上洛盧氏縣熊耳山東北至河南洛陽縣入洛
有獸焉其名曰馬腹其狀如人面虎身其音如嬰
兒是食人
凡濟山經之首自煇諸之山至于蔓渠之山凡九山

一千六百七十里其神皆人面而鳥身祠用毛擇用毛色
用一吉玉投而不糈
中次三經萯山之首曰敖岸之山或作獻萯音倍其陽多㻬琈
琈之玉其陰多赭黃金神熏池居之是常出美玉或作
石
北望河林其狀如蒨如舉說者云蒨舉皆木名也未詳蒨音倩有獸
焉其狀如白鹿而四角名曰夫諸見則其邑大水
又東十里曰青要之山實維帝之密都天地曲密之邑北望
河曲河千里一曲一直也是多駕鳥未詳也或曰駕宜為鴽鴽鵞也音加南望墠
渚水中小洲名渚墠音填禹父之所化鯀化于羽淵為黃熊今復云在此然則一已有
變怪之性者亦無性而不化也是多僕纍蒲盧僕纍蝸牛也爾雅曰蒲盧者螟蛉也
魋

武羅司之武羅神名䰠即神字其狀人面而豹文小腰而白齒
或作首而穿耳以鐻鐻金銀器之名未詳也音渠其名如鳴玉如人鳴玉
佩聲是山也宜女子畛水出焉音畛而北流注于河其中
有鳥焉名曰鴢音如窈窕之窈其狀如鳧青身而朱目赤尾
食之宜子朱淺赤也有草焉其狀如葌菅似毛也而方莖黃華
赤實其本如藁本根似藁本亦香草名曰荀草或曰苞草服之美
人色令人更美豔
又東十里曰騩山音巍其上有美棗其陰有㻬琈之玉
正回之水出焉而北流注于河其中多飛魚其狀如
豚而赤文服之不畏雷可以禦兵

又東四十里曰宜蘇之山其上多金玉其下多蔓居
之木未詳滽滽之水出焉音容而北流注于河是多黃貝
又東二十里曰和山其上無草木而多瑤碧實惟河
之九都九水所潛故曰九都是山也五曲曲回五重九水出焉合而
北流注于河其中多蒼玉吉神泰逢司之吉猶善也其狀
如人而虎尾或作雀尾是好居于萯山之陽出入有光太
逢神動天地氣也言其有靈爽能興雲雨也夏后孔甲田于萯山之下天大風晦冥孔
甲迷惑入于民室見呂氏春秋也
凡萯山之首自敖岸之山至于和山凡五山四百四
十里其祠太逢熏池武羅皆一牡羊副副謂破羊骨磔之以祭也

見周禮音愊愊之愊 嬰用吉玉其二神用一雄雞瘞之糈用稌

中次四經釐山之首 音狸 曰鹿蹄之山其上多玉其下多金甘水出焉而北流注于洛其中多泠石 泠石未聞也泠或作涂

西五十里曰扶豬之山其上多礝石 音耎今鴈門山中出礝石白者 如水水中有赤色者 有獸焉其狀如貉而人目 貉或作貗古字 其名曰麐 音銀或作麋 虢水出焉而北流注于洛其中多瓀石 言亦出水中

又西一百二十里曰釐山其陽多玉其陰多蒐 音搜茅蒐今之倩草也 有獸焉其狀如牛蒼身其音如嬰兒是食人其名曰犀渠濂濂之水出焉而南流注于伊水有獸焉名曰獺 音蒼頡之頡 其狀如獳犬而有鱗其毛如彘鬣 生鱗間也

又西二百里曰箕尾之山多穀多涂石其上多㻬琈之玉

又西二百五十里曰柄山其上多玉其下多銅滔雕之水出焉而北流注于洛其中多羬羊有木焉其狀如樗其葉如桐而莢實其名曰茇可以毒魚 茇一作艾

又西二百里曰白邊之山其上多金玉其下多青雄黃

又西二百里曰熊耳之山今在上洛縣南其上多漆其下多椶浮濠之水出焉而西流注于洛其中多水玉多人魚有草焉其狀如蘇而赤華名曰葶薴亭寧耵聹二音可以毒魚

又西三百里曰牡山其上多文石其下多竹箭竹䉋其獸多㸲牛羬羊鳥多赤鷩音閑即鷴雉也

又西三百五十里曰讙舉之山雒水出焉而東北流注于玄扈之水其中多馬腸之物此二山者洛間也洛水今出上洛縣冢嶺山河圖曰玄扈洛汭謂此間也

凡釐山之首自鹿蹄之山至于玄扈之山凡九山千

六百七十里其神狀皆人面獸身其祠之毛用一白鷄祈而不糈言直祈禱以彩衣之以彩飾雞

中次五經薄山之首曰苟牀之山或作苟林山無草木多怪石怪石似玉也書曰鉛松怪石也

東三百里曰首山其陰多穀柞其草多苿芫苿山薊也芫華中藥其陽多㻬琈之玉木多槐其陰有谷曰機谷多馱鳥其狀如梟而三目有耳其音如録食之已墊音如鉗鈦之鈦未聞

又東三百里曰縣𩣡之山音如斤斵之斵無草木多文石

又東三百里曰葱聾之山無草木多摩石未詳

東北五百里曰條谷之山其木多槐桐其草多芍藥虋冬本草經曰虋冬一名滿冬今作門俗作耳

又北十里曰超山其陰多蒼玉其陽有井冬有水而夏竭

又東五百里曰成侯之山其上多櫄木似樗樹材中車轅吳人呼櫄音輴車或曰輴車其草多芃

又東五百里曰朝歌之山谷多美堊

又東五百里曰槐谷山多金錫

又東十里曰歷山其木多槐其陽多玉

又東十里曰尸山多蒼玉其獸多麖似鹿而小黑色尸水出

焉南流注于洛水其中多美玉

又東十里曰良餘之山其上多穀柞無石餘水出于其陰而北流注于河乳水出于其陽而東南流注于洛

又東南十里曰蠱尾之山多礪石赤銅龍餘之水出焉而東南流注于洛

又東北二十里曰升山其木多穀柞棘其草多藷藇蕙蕙香草也多寇脫寇脫草生南方高丈許似荷葉而莖中有瓤正白零桂人植而日灌之以為樹也黃酸之水出焉而北流注于河其中多璇玉石次玉者也孫卿曰璇玉瑤珠不知佩璇音旋

又東十二里曰陽虛之山多金臨于玄扈之水河圖曰蒼頡爲帝南巡狩登陽虛之山臨于玄扈洛汭靈龜負書丹甲青文以授之出此水中也

凡薄山之首自苟林之山至于陽虛之山凡十六山二千九百八十二里升山冢也其祠禮太牢嬰用吉玉首山䰠也其祠用稌黑犠太牢之具蘗釀以蘗作醴酒也于儛于儛萬儛于楯也置鼓擊之以舞嬰用一璧尸水合天也天神之所馮也肥牲祠之用一黑犬于上用一雌雞于下刉一牝羊獻血以血祭也刉猶刲也周禮曰刉珥奉犬牲嬰用吉玉彩之又加以繒彩之飾也饗之勸強之也特牲饋食禮曰執奠祝饗是也

中次六經縞羝山之首曰平逄之山南望伊洛東望

穀城之山在濟北穀城縣西黃石公石在此山下張良取以合葬爾無草木無水多沙石有神焉其狀如人而二首名曰驕蟲是爲螫蟲爲螫蟲之長實惟蜂蜜之廬言羣蜂之所舍集蜜赤蜂名其祠之用一雄雞禳而勿殺禳亦祭名謂禳却惡氣也

西十里曰縞羝之山無草木多金玉

又西十里曰廆山音如瓌偉之瓌其陰多㻬琈之玉其西有谷焉名曰雚谷其木多柳楮其中有鳥焉狀如山雞而長尾赤如丹火而青喙名曰鴒鷚鴒要二音其鳴自呼服之不眯交觴之水出于其陽而南流注于洛俞隨之水出于其陰而北流注于穀水

又西三十里曰瞻諸之山其陽多金其陰多文石谢水出焉（音謝）而東南流注于洛少水出其陰而東流注于穀水（世謂之慈澗）

又西三十里曰婁涿之山無草木多金玉瞻水出于其陽而東流注于洛陂水出于其陰（世謂之百答水）而北流注于穀水其中多茈石文石

又西四十里曰白石之山惠水出于其陽而南流注于洛其中多水玉澗水出于其陰（書曰伊洛瀍澗也）西北流注于穀水其中多麋石櫨丹（皆未聞）

又西五十里曰穀山其上多穀其下多桑爽水出焉（世謂之紵麻澗）而西北流注于穀水其中多碧緑

又西七十二里曰密山（今滎陽密縣亦有密山疑非也）其陽多玉其陰多鐵豪水出焉而南流注于洛其中多旋龜其狀鳥首而鼈尾其音如判無草木

又西百里曰長石之山無草木多金玉其西有谷焉名曰共谷多竹共水出焉西南流注于洛其中多鳴石（晉永康元年襄陽郡上鳴石似玉色青撞之聲聞七八里今零陵泉陵縣永正鄉有鳴石二所其一狀如鼓俗因名為石鼓即此類也）

又西一百四十里曰傅山無草木多瑶碧厭染之水出于其陽而南流注于洛其中多人魚其西有林焉

名曰墦冢音番穀水出焉而東流注于洛今穀水出穀陽谷東北至穀城縣入洛河其中多珚玉未聞也珚音煙

又西五十里曰橐山其木多樗多𣝜木今蜀中有𣝜木七八月中吐穗穗成如有鹽粉著狀可以酢羹音備其陽多金玉其陰多鐵多蕭蕭蒿見爾雅橐水出焉而北流注于河其中多脩辟之魚狀如黽黽蛙屬也而白喙其音如鴟食之已白癬

又西九十里曰常烝之山無草木多堊潐水出焉音譙而東北流注于河其中多蒼玉菑水出焉而北流注于河

又西九十里曰夸父之山其木多椶柟多竹箭其獸多㸲牛羬羊其鳥多鷩其陽多玉其陰多鐵其北有林焉名曰桃林是廣員三百里其中多馬桃林今弘農湖縣闅鄉南谷中是也饒野馬山羊山牛也湖水出焉而北流注于河其中多珚玉

又西九十里曰陽華之山其陽多金玉其陰多青雄黃其草多藷藇多苦辛其狀如橚即楸字也其實如瓜其味酸甘食之已瘧楊水出焉而西南流注于洛其中多人魚門水出焉而東北流注于河其中多玄𥔲黑砥石生水中緒姑之水出于其陰緒音藉而東流注于門水其上多銅門水出于河七百九十里入雒水

凡縞羝山之首自平逢之山至于陽華之山凡十四山七百九十里嶽在其中以六月祭之（六月亦歲之中）如諸嶽之祠法則天下安寧

中次七經苦山之首曰休與之山（與音與或作輿下同）其上有石焉名曰帝臺之棊（帝臺神人名棊謂博棊也）五色而文其狀如鶉卵帝臺之石所以禱百神者也（禱祀百神則用此石）服之不蠱有草焉其狀如蓍赤葉而本叢生名曰夙條可以為簳（中箭笴也）

東三百里曰鼓鍾之山帝臺之所以觴百神也（舉觴燕會則于此山因名為鼓鍾也）有草焉方莖而黃華員葉而三成（葉三重也）

其名曰焉酸可以為毒（為治）其上多礪其下多砥

又東二百里曰姑媱之山（音遙或無之山字）帝女死焉其名曰女尸化為䔄草其葉胥成（言葉相重也亦音遙）其華黃其實如菟丘（菟丘菟絲也見爾雅）服之媚於人（為人所愛也傳曰人服媚之如是一名荒夫草）

又東二十里曰苦山有獸焉名曰山膏其狀如逐（即豚字）赤若丹火善詈（好罵人）其上有木焉名曰黃棘黃華而員葉其實如蘭服之不字（字生也易曰女子貞不字）有草焉員葉而無莖赤華而不實名曰無條服之不癭

又東二十七里曰堵山神天愚居之是多怪風雨其

上有木焉名曰天楄音鞭方莖而葵狀服者不哽食不哽也
又東五十二里曰放皐之山放或作効又作牧明水出焉南
流注于伊水其中多蒼玉有木焉其葉如槐黃華而
不實其名曰蒙木服之不惑有獸焉其狀如蜂枝尾
而反舌善呼好呼喚也其名曰文文
又東五十七里曰大𦍧之山多㻬琈之玉多麋玉未詳
有草焉其狀葉如榆方莖而蒼傷其名曰牛傷猶言牛棘
其根蒼文服者不厥厥逆氣病可以禦兵其陽狂水出焉
西南流注于伊水其中多三足龜今吳興陽羨縣有君山山上有池水
中有三足六眼龜鼈龜三足者名賁出爾雅食者無大疾可以已腫

又東七十里曰半石之山其上有草焉生而秀其高
丈餘赤葉赤華華而不實初生先作穗却著葉花生穗間其名曰嘉
榮服之者不霆不畏雷霆霹靂也音廷摶之廷來需之水出于其陽
而西流注于伊水其中多鯩魚音倫黑文其狀如鮒魚
者不睡合水出于其陰而北流注于洛多鰧魚音騰狀
如鱖居逵鱖魚大口大目細鱗有班彩逵水中之穴道交通者鱖音劌蒼文赤尾
食者不癰可以為瘻瘻癰屬也中有多虫淮南子曰鷄頭已瘻音漏
又東五十里曰少石之山今在河南陽城西俗名泰室百草木成
囷未詳其上有木焉其名曰帝休葉狀如楊其枝五衢
言樹枝交錯相重五出有象衢路也離騷曰靡萍九衢黃華黑實服者不怒其

上多玉此上巔亦有白玉膏得服之即得仙道世人不能上也時含神霧云其下多鐵
休水出焉而北流注于洛其中多鯑魚狀如盩蜼未詳
盩音倫而長距足白而對未詳食者無蠱疾可以禦兵
又東三十里曰泰室之山即中嶽嵩高山也今在陽城縣西其上有
木焉葉狀如棃而赤理其名曰栯木音郁服者不妬有
草焉其狀如茶术似薊也白華黑實澤如蘡薁言子滑澤其名
曰䔄草服之不眯上多㕁石次玉者也啟母化為石而生啟在此山見淮南
子
又北三十里曰講山其上多玉多柘多柏有水焉名
曰帝屋葉狀如椒反傷赤實反傷刺下勾也可以禦凶

又北三十里曰嬰梁之山上多蒼玉錞于玄石言蒼玉依
黑石而生也或曰錞于樂器名形似推頭
又東三十里曰浮戲之山有木焉葉狀如樗而赤實
名曰亢木食之不蠱汜水出焉而北流注于河其東
有谷因名曰蛇谷言此中出蛇故以名之上多少辛細辛也
又東四十里曰少陘之山有草焉名曰䔧草音剛葉狀
如葵而赤莖白華實如蘡薁食之不愚言益人智器難之
水出焉或作囂而北流注于役水一作侵
又東南十里曰太山別有東小太山今在朱虛縣汶水所出疑此非也有草
焉名曰梨其葉狀如荻荻亦蒿也音秋而赤華可以已疽

水出于其陽而東南流注于洨水承水出于其陰而東北流注于洨（世謂之濟澗水）

又東二十里曰末山上多赤金末水出焉北流注于洨（水經作沫）

又東二十五里曰役山上多白金多鐵役水出焉北注于河

又東三十五里曰敏山上有木焉其狀如荊白華而赤實名曰薊柏（音計）服者不寒（令人耐寒）其陽多㻬琈之玉

又東三十里曰大騩之山（今滎陽密縣有大騩山騩因滑水所出音歸）其陰多鐵美玉青堊有草焉其狀如蓍而毛青華而白實其名曰䕞（音狼戾）服之不夭（言盡壽也或作芺）可以為腹病

（為治也一作之）

凡苦山之首自休與之山至于大騩之山凡十有九山千一百八十四里其十六神者皆豕身而人面其祠毛牷用一羊羞（言以羊為薦羞）嬰用一藻玉瘞（藻玉玉有五彩者也或曰所以盛玉藻藉也）苦山少室太室皆冢也其祠之太牢之具嬰以吉玉其神狀皆人面而三首其餘屬皆豕身人面也

中次八經荊山之首曰景山（今在南郡界中）其上多金玉其木多杼檀（杼音椽柱之柱）雎水出焉（雎音癰疽之疽）東南流注于江

〔今雎水出新城魏昌縣東南發阿山東南至南郡枝江縣入江也其中多丹粟多文魚〕〔有斑彩也〕

東北百里曰荆山〔今在新城沭鄉縣南〕其陰多鐵其陽多赤金其中多犛牛〔旄牛屬也黑色出西南徼外也音狸一音來〕多豹虎其木多松柏其草多竹多橘櫾〔櫾似橘而大也皮厚味酸〕漳水出焉而東南流注于雎〔出荆山至南郡當陽縣入沮水〕其中多黃金多鮫魚〔鮫鮒魚類也皮有珠文而堅尾長三四尺末有毒螫人皮可飾刀劍口錯治材角今臨海郡亦有之音交〕其獸多閭麋〔似鹿而大也〕

又東北百五十里曰驕山其上多玉其下多青雘其木多松柏多桃枝鉤端神蟲圍處之〔蟲音鼉魚之鼉〕其狀如人面羊角虎爪恒遊于雎漳之淵〔淵水之府奧也〕出入有光

又東北百二十里曰女几之山其上多玉其下多黃金其獸多豹虎多閭麋麖麂〔麖似獐而大猥毛豹腳音几〕其鳥多白鷮〔鷮似雉而長尾走且鳴音驕〕多翟多鴆〔鴆大如鵰紫綠色長頸赤喙食蝮蛇頭雄名運日雌名陰諧也〕

又東北二百里曰宜諸之山其上多金玉其下多青雘洈水出焉〔音詭〕而南流注于漳〔今洈水出南郡東洈山至華容縣入江也〕其中多白玉

又東北三百五十里曰綸山〔音倫〕其木多梓柟多桃枝多柤栗橘櫾〔柤似梨而酢濇〕其獸多閭麈麢㚟〔㚟似莬而鹿腳青色音綽〕

又東北二百里曰陸郈之山（音如跪[illegible]之跪）其上多㻬琈之玉其下多堊其木多杻橿

又東百三十里曰光山其上多碧其下多木神計蒙處之其狀人身而龍首恒遊于漳淵出入必有飄風暴雨

又東百五十里曰岐山其陽多赤金其陰多白珉（石似玉者音旻）其上多金玉其下多青雘其木多樗神涉䵶處之（徒河切一作䵶笑遊切）其狀人身而方面三足

又東百三十里曰銅山其上多金銀鐵其木多穀柞柤栗橘櫾其獸多犳

又東北一百里曰美山其獸多兕牛多閭麈多豕鹿其上多金其下多青雘

又東北百里曰大堯之山其木多松柏多梓桑多機其草多竹其獸多豹虎麢㚟

又東北三百里曰靈山其上多金玉其下多青雘其木多桃李梅杏（梅似杏而酢也）

又東北七十里曰龍山上多寓木（寄生也一名宛童見爾雅）其上多碧其下多赤錫其草多桃枝鉤端

又東南五十里曰衡山上多寓木穀柞多黃堊白堊

又東南七十里曰石山其上多金其下多青雘多寓

木
又南百二十里曰若山其上多㻬琈之玉多赭赤土多
邽石未詳多寓木多柘若或作前
又東南一百二十里曰彘山多美石多柘
又東南一百五十里曰玉山其上多金玉其下多碧
鐵其木多栢一作楢
又東南七十里曰讙山其木多檀多邽石多白錫今白
鑞也郁水出于其上潛于其下其中多砥礪
又東北百五十里曰仁舉之山其木多穀柞其陽多
赤金其陰多赭

又東五十里曰師每之山其陽多砥礪其陰多青雘
其木多栢多檀多柘其草多竹
又東南二百里曰琴鼓之山其木多穀柞椒柘椒為樹小
而叢生下有草木則蠹死其上多白珉其下多洗石其獸多豕鹿
多白犀其鳥多鴆
凡荆山之首自景山至琴鼓之山凡二十三山二千
八百九十里其神状皆鳥身而人面其祠用一雄鷄
祈瘞禱請已埋之也用一藻圭糈用稌驕山冢也其祠用羞
酒少牢祈瘞嬰毛一璧
中次九經岷山之首曰女几之山其上多石涅其木

多杻橿其草多菊茶洛水出焉東注于江其中多雄黄雄黄亦出水中其獸多虎豹

又東北三百里曰岷山江水出焉岷山今在汶山郡廣陽縣西大江所出東北流注于海至廣陽縣入海其中多良龜良善多鼉似蜥蜴大者長二丈有鱗彩皮可以冒鼓其上多金玉其下多白珉其木多梅棠其獸多犀象多夔牛今蜀山中有大牛重數千斤名為夔牛晉太興元年此牛出上庸郡人弩射殺得三十八檐肉即爾雅所謂䰕其鳥多翰鷩白翰赤鷩

又東北一百四十里曰崍山江水出焉邛來山今在漢嘉嚴道縣南江水所自出也山有九折坂出貊貊似熊而黑白駮亦食銅鐵也東流注大江其陽多黄金其陰多麋麈其木多檀柘其草多薤韭多药即囂空奪即蛇皮脫也

又東一百五十里曰崌山音居江水出焉北江東流注于大江其中多怪蛇今永昌郡有鉤蛇長數丈尾岐在水中鉤取岸上人牛馬啖之又呼馬絆蛇謂此類也多鰲魚音贅未聞其木多楢杻楢剛木也中車材音秋多梅梓其獸多夔牛麢㚟犀兕有鳥焉狀如鴞而赤身白首其名曰竊脂今呼小青雀曲觜肉食者為竊脂疑此非也可以禦火

又東三百里曰高梁之山其上多堊其下多砥礪其木多桃枝鉤端有草焉狀如葵而赤華莢實白柎可以走馬

又東四百里曰蛇山其上多黄金其下多堊其木多

楠多豫樟其草多嘉榮少辛有獸焉其狀如狐而白尾長耳名䝤狼音巳見則國內有兵一作國有亂

又東五百里曰鬲山其陽多金其陰多白珉蒲鸓音甍之水出焉而東流注于江其中多白玉其獸多犀象熊羆多猨蜼蜼似獼猴鼻露上向尾四五尺頭有岐蒼黃色雨則自縣樹以尾塞鼻孔或以兩指塞之

又東北三百里曰隅陽之山其上多金玉其下多青雘其木多梓桑其草多茈徐之水出焉東流注于江其中多丹粟

又東二百五十里曰岐山今在扶風美陽縣西其上多白金其

下多鐵其木多梅梓梅或作敔音多杻橿減水出焉東南流注于江

又東三百里曰勾檷之上音絡椐之椐其上多玉其下多黃金其木多櫟柘其草多芍藥

又東一百五十里曰風雨之山其上多白金其下多石涅其木多棷樿棷木未詳也樿木白理中櫛騶善二音多楊宣余之水出焉東流注于江其中多蛇其獸多閭麋多麈豹虎其鳥多白鷮

又東北二百里曰玉山其陽多銅其陰多赤金其木多豫樟楢杻其獸多豕鹿麢㚟其鳥多鴆

又東一百五十里曰熊山有穴焉熊之穴恒出神人夏啓而冬閉是穴也冬啓乃必有兵今鄴西北有鼓山下有石鼓象懸著山旁鳴則有軍事與此穴殊象而同應其上多白玉其下多白金其木多樗柳其草多寇脫

又東一百四十里曰騩山其陽多美玉赤金其陰多鐵其木多桃枝荊芭

又東二百里曰葛山其上多赤金其下多瑊石瑊石勁石似玉也音緘其木多柤栗橘櫾楢杻其獸多麢㚟其草多嘉榮

又東一百七十里曰賈超之山其陽多黃堊其陰多美赭其木多柤栗橘櫾其中多龍脩龍須也似莞而細生山下穴中莖剛垂可以為席

凡岷山之首自女几山至于賈超之山凡十六山三千五百里其神狀皆馬身而龍首其祠毛用一雄雞瘞糈用稌文山勾檷風雨騩之山是皆冢也其祠之羞酒先進酒以酹神少牢具嬰毛一吉玉熊山席也席者神之所憑止也其祠羞酒大牢具嬰毛一璧干儛用兵以禳禳祓除之祭名儛者持盾武儛也祈璆冕舞所求福祥也祭用玉儛者冕服也美玉曰璆巳求反

中次十經之首曰首陽之山其上多金玉無草木

又西五十里曰虎尾之山其木多椒椐多封石其陽

多赤金其陰多鐵

又西南五十里曰繁繢（音潰）之山其木多楢杻其草多枝勾（今山中有此草）

又西南二十里曰勇石之山無草木多白金多水

又西二十里曰復州之山其木多檀其陽多黃金有鳥焉其狀如鴞而一足彘尾其名曰跂踵見則其國大疫（跂踵為鳥一足似夔不為樂興反以來悲）

又西三十里曰楮山多寓木多椒椐多柘多堊（一作渚州之山）

又西二十里曰又原之山其陽多青雘其陰多鐵其

鳥多鸜鵒（鴝鵒也傳曰鸜鵒來巢音臞）

又西五十里曰涿山其木多穀柞杻其陽多㻬琈之玉

又西七十里曰丙山其木多梓檀多弞杻（弞義所未詳）

凡首陽山之首自首山至于丙山凡九山二百六十七里其神狀皆龍身而人面其祠之毛用一雄雞瘞糈用五種之糈堵山冢也其祠之少牢具羞酒祠嬰毛一璧瘞騩山帝也其祠羞酒太牢其合巫祝二人儛嬰一璧

中次一十一山經荊山之首曰翼望之山湍水出焉

（麋摶反）東流注于濟（今湍水逕南陽穰縣而入清水）貺水出焉（音況）東南流注于漢其中多蛟（似蛇而四脚小頭細頸有白癭大者十數圍卵如一二石甕能吞人）其上多松柏其下多漆梓其陽多赤金其陰多珉

又東北一百五十里曰朝歌之山潕水出焉（潕水今在南陽舞陽縣音武）東南流注于滎其中多人魚其上多梓枏其獸多麢麋有草焉名曰莽草可以毒魚（今用之殺魚）

又東南二百里曰帝囷之山（去倫反）其陽多㻬琈之玉其陰多鐵帝囷之水出于其上潛于其下多鳴蛇

又東南五十里曰視山其上多韭有井焉名曰天井夏有水冬竭其上多桑多美堊金玉

又東南二百里曰前山其木多櫧（似柞子可食冬夏生作屋柱難腐音諸或作儲）多柏其陽多金其陰多赭

又東南三百里曰豐山有獸焉其狀如蝯赤目赤喙黃身名曰雍和見則國有大恐神耕父處之常遊清泠之淵出入有光（清泠水在西鄂縣山上神來時水赤有光耀今有屋祠之）見則其國為敗有九鍾焉是知霜鳴（霜降則鍾鳴故言知也物有自然感應而不可為也）其上多金其下多穀柞杻橿

又東北八百里曰兔牀之山其陽多鐵其木多藷藇其草多鷄穀其本如鷄卵其味酸甘食者利于人

又東六十里曰皮山多堊多赭其木多松柏

又東六十里曰瑶碧之山其木多梓枏其陰多青雘其陽多白金有鳥焉其狀如雉恒食蜚名曰鴆(蜚負盤也音翡此更一種鳥非食虵之鴆也)

又東四十里曰支離之山濟水出焉南流注于漢(今濟水出鄗縣西北山中南入漢鄗離音字亦同)有鳥焉其名曰嬰勺其狀如鵲赤目赤喙白身其尾若勺(似酒勺形)其鳴自呼多㸲牛多羬羊

又東北五十里曰秩筒之山(音彫)其上多松柏机桓(桓葉似柳皮黄不措子似楝着酒中飲之辟惡氣浣衣去垢核堅正黑可以間香纓一名括樓也)

又西北一百里曰堇理之山其上多松柏多美梓其

陰多丹雘多金其獸多豹虎有鳥焉其狀如鵲青身白喙白目白尾名曰青耕可以禦疫其鳴自叫

又東南三十里曰依軲之山(音枯)其上多杻橿多苴(未詳音蓮)有獸焉其狀如犬虎爪有甲其名曰獜(言體有鱗甲音吝)善駚坌(跳躍自撲也鞅奮兩音)食者不風(不畏天風)

又東南三十五里曰即谷之山多美玉多玄豹(黑豹也即今荆州山中出黑虎也)多閭麈多麢㚟其陽多珉其陰多青雘

又東南四十里曰雞山其上多美梓多桑其草多韭

又東南五十里曰高前之山其上有水焉甚寒而清(或作潛)帝臺之漿也(今河東解縣南檀首山上有水潛出停不流俗名為蒸漿即此類也)

飲之者不心痛其上有金其下有赭

又東南三十里曰游戲之山多杻橿穀多玉多封石

又東南三十五里曰從山其上多松柏其下多竹從水出于其上潛于其下其中多三足鼈枝尾（三足鼈名能見爾雅）食之無蠱疫

又東南三十里曰嬰硜之山（音真）其上多松栢其下多梓櫄

又東南三十里曰畢山帝苑之水出焉東北流注于視其中多水玉多蛟其上多㻬琈之玉

又東南二十里曰樂馬之山有獸焉其狀如彙赤如丹火其名曰𤟹（音戾）見則其國大疫

又東南二十五里曰葴山視水出焉（或曰視宜為瀙瀙水今在南陽也）東南流注于汝水其中多人魚多蛟多頡（如青狗）

又東四十里曰嬰山其下多青雘其上多金玉

又東三十里曰虎首之山多苴椆椐（椆未詳也音彫）

又東二十里曰嬰矦之山其上多封石其下多赤錫

又東五十里曰大孰之山殺水出焉東北流注于視水其中多白堊

又東四十里曰卑山其上多桃李苴梓多纍（今虎豆貍豆之屬纍一名縢音誄）

又東三十里曰倚帝之山其上多玉其下多金有獸焉其狀如鼣鼠（爾雅說鼠有十三種中有此鼠形所未詳也音狗吠之吠）白耳白喙名曰狙如（音即蛆）見則其國有大兵

又東三十里曰鯢山（音倪）鯢水出于其上潛于其下其中多美堊其上多金其下多青雘

又東三十里曰雅山澧水出焉（音澧今澧水出南陽）東流注于視水其中多大魚其上多美桑其下多苴多赤金

又東五十里曰宣山淪水出焉東南流注于視水其中多蛟其上有桑焉大五十尺（圍五丈也）其枝四衢（言枝交互四出）其葉大尺餘赤理黃華青柎名曰帝女之桑（婦女主蠶故以名桑）

又東四十五里曰衡山（今衡山在衡陽湘南縣南嶽也俗謂之岣嶁山）其上多青雘多桑其鳥多鸜鵒

又東四十里曰豐山其上多封石其木多桑多羊桃狀如桃而方莖（一名鬼桃）可以為皮張（治皮腫起）

又東七十里曰嫗山其上多美玉其下多金其草多鷄穀

又東三十里曰鮮山其木多楢杻苴其草多虋冬其陽多金其陰多鐵有獸焉其狀如膜大赤喙赤目白尾見則其邑有火名曰狏即（音移）

又東三十里曰章山（或作童山）其陽多金其陰多美石皋
水出焉東流注于澧水其中多脃石（未聞魚脃反）
又東二十五里曰大支之山其陽多金其木多穀柞
無草木
又東五十里曰區吳之山其木多苴
又東五十里曰聲匈之山其木多穀多玉上多封石
又東五十里曰大騩之山（上已有此山疑同名）其陽多赤金其
陰多砥石
又東十里曰踵臼之山無草木
又東北七十里曰歷石（或作磨）之山其木多荊芑其陽

多黃金其陰多砥石有獸焉其狀如狸而白首虎爪
名曰梁渠見則其國有大兵
又東南一百里曰求山求水出于其上潛于其下中
有美赭其木多苴多䉋（篠屬）其陽多金其陰多鐵
又東二百里曰丑陽之山其上多椆椐有鳥焉其狀
如烏而赤足名曰駅餘（音如枳椇之枳）可以禦火
又東三百里曰奧山其上多柏杻橿其陽多㻬琈之
玉奧水出焉東流注于視水
又東三十五里曰服山其木多苴其上多封石其下
多赤錫

又東百十里曰杳山。其上多嘉榮草多金玉

又東三百五十里曰几山其木多楢檀杻其草多香有獸焉其狀如彘黃身白頭白尾名曰聞獜。音鄰見則天下大風獜一作䝟音豨

凡荆山之首自翼望之山至于几山凡四十八山三千七百三十二里其神狀皆彘身人首其祠毛用一雄雞祈瘞用一珪糈用五種之精禾山帝也其祠太牢之具羞瘞倒毛薦羞反倒牲埋之也用一璧牛無常堵山玉山冢也皆倒祠羞毛少牢嬰毛吉玉

中次十二經洞庭山之首曰篇遇之山或作肩無草木

多黃金

又東南五十里曰雲山無草木有桂竹甚毒傷人必死今始興郡桂陽縣出筀竹大者圍二尺長四丈又交趾有篥竹實中勁強有毒銳以刺虎中之則死亦此類也其上多黃金其下多㻬琈之玉

又東南一百三十里曰龜山其木多穀柞椆椐其上多黃金其下多青雄黃多扶竹邛竹也高節實中中杖也名之扶老竹

又東七十里曰丙山多筀竹多黃金銅鐵無木

又東南五十里曰風伯之山其上多金玉其下多痠石文石未詳痠石之義多鐵其木多柳杻檀楮其東有林焉名曰莽浮之林多美木鳥獸

又東一百五十里曰夫夫之山其上多黃金其下多
青雄黃其木多桑楮其草多竹鷄鼓神于兒居之其
狀人身而身操兩蛇常遊于江淵出入有光
又東南一百二十里曰洞庭之山今長沙巴陵縣西又有洞庭陂潛伏
通江離騷曰邅吾道兮洞庭洞庭波兮木葉下皆謂此也字或作銅宜從水其上多黃金
其下多銀鐵其木多柤棃橘櫾其草多葌蘪蕪芍藥
芎藭蘪蕪似蛇狀而香也帝之二女居之天帝之二女而處江為神即列仙傳江妃
二女也離騷九歌所謂湘夫人稱帝子者是也而河
圖玉版曰湘夫人者帝堯女也秦始皇浮江至湘山
逢大風而問博士湘君何神博士曰聞之堯二女舜
妃也死而葬此列女傳曰二女死于江湘之間俗謂
為湘君鄭司農亦以舜妃為湘君說者皆以舜陟方
而死二妃從之俱溺死于湘江遂號為湘夫人按九

歌湘君湘夫人自是二神江湘之有夫人猶河洛之
有虙妃也此之為靈與天地並矣安得謂之堯女且
既謂之堯女安得復總云湘君哉何以考之禮記曰
舜葬蒼梧二妃不從明二妃生不從征死不從葬義
可知矣即令從之二女靈達鑒通無方尚能以鳥工
龍裳救井廩之難豈當不能自免于風波而有雙淪
之患乎假復如此傳曰生為上公死為貴神禮五嶽
比三公四瀆比諸侯今湘川不及四瀆無秩于命祀
而二女帝者之后配靈神祇無緣當復下降小水而
為夫人也參互其義義既混錯錯綜其理理無可據
斯不然矣原其致謬之由由乎俱以帝女為名名
實相亂莫矯其失習非勝是終古不悟可悲矣是
常遊于江淵澧沅之風交瀟湘之淵此言二女遊戲江之淵府則能
鼓三江令風波之氣共相交通言其靈響之意也江湘沅水皆共會巴陵頭故號為三江之口澧又去之
七八十里而入江焉淮南子曰弋釣瀟湘今所載未詳也瀟音消是在九江之間地理
志九江今在潯陽南江自潯陽而分為九皆東會于大江書曰九江孔殷是也出入必以飄

風暴雨是多怪神狀如人而載蛇左右手操蛇多怪鳥

又東南一百八十里曰暴山其木多椶柟荊芑竹箭䉋箘（箘亦篠類中箭見禹貢）其上多黃金玉其下多文石鐵其獸多麋鹿麢就（就鵰也見廣雅）

又東南二百里曰即公之山其上多黃金其下多㻬琈之玉其木多柳杻檀桑有獸焉其狀如龜而白身赤首名曰蛫（音詭）是可以禦火

又東南一百五十九里曰堯山其陰多黃堊其陽多黃金其木多荊芑柳檀其草多藷藇茉

又東南一百里曰江浮之山其上多銀砥礪無草木其獸多豕鹿

又東二百里曰真陵之山其上多黃金其下多玉其木多穀柞柳杻其草多榮草

又東南一百二十里曰陽帝之山多美銅其木多橿杻檿楮（檿山桑也）其獸多麢麝

又南九十里曰柴桑之山（今在潯陽柴桑縣南共廬山相連也）其上多銀其下多碧多冷石赭其木多柳芑楮桑其獸多麋鹿多白蛇飛蛇（即螣蛇乘霧而飛者）

又東二百三十里曰榮余之山其上多銅其下多銀

鳥

䉋〔[illegible]〕箘〔[illegible]〕其上多黃金玉其下多文石鐵其

其獸多豕鹿

杻檿楮其獸多麢麝

鹿多白蛇飛蛇〔即騰蛇乘霧而飛者〕

南方祝融獸身人面乘兩龍火神也

中十二經山共陸里共二万六千三百の十の

新刻山海經卷之六

晉　郭　璞　傳

明　胡文煥　校

海外南經

地之所載六合之間(四方上下為六合也)四海之內照之以日月經之以星辰紀之以四時要之以太歲神靈所生其物異形或夭或壽唯聖人能通其道(言自非窮理盡性者則不能原極其情變)

海外自西南陬至東南陬者(陬猶隅也音騶)

結匈國在其西南其為人結匈(臆前胅出如人結喉也)南山在其東南自此山來蟲為蛇蛇號為魚(以蟲為蛇以蛇為魚)一曰南山在結匈東南

比翼鳥在其東其為鳥青赤(似鳧)兩鳥比翼一曰在南山東

羽民國在其東南其為人長頭身生羽(能飛不能遠卵生畫似仙人也)一曰在比翼鳥東南其為人長頰(啟筮曰羽民之狀鳥喙赤目而白首)

有神人二八連臂為帝司夜于此野(晝隱夜見)在羽民東其為人小頰赤肩(當胛上正赤也)盡十六人(疑此後人所增益語耳)

畢方鳥在其東青水西其為鳥人面一腳一曰在二八神東

讙頭國在其南其為人人面有翼鳥喙方捕魚(讙兜堯臣有罪自投南海而死帝憐之使其子居南海而祠之畫亦似仙人也)一曰在畢方東或

曰讙朱國

厭火國在其國南獸身黑色生火出其口中（言能吐火畫似獼猴而黑色也）一曰在讙朱東

三株樹在厭火北生赤水上其為樹如栢葉皆為珠一曰其為樹若彗（如彗星狀）

三苗國在赤水東其為人相隨（昔堯以天下讓舜三苗之君非之帝殺之有苗之民叛入南海為三苗國）一曰三毛國

㦸國在其東（音秩亦音替）其為人黃能操弓射蛇（大荒經云此國自然有五穀衣服）一曰㦸國在三毛東

貫匈國在其東其為人匈有竅（尸子曰四夷之民有貫匈者有深目者有長股者黃帝之德常致之異物志曰穿匈之國去其衣則無自然者蓋似效此貫匈人也）一曰在㦸國東

交脛國在其東其為人交脛（言脚脛曲戾相交所謂雕題交趾者也或作頸其為人交頸而行也）一曰在穿匈東

不死民在其東其為人黑色壽不死（有員丘山上有不死樹食之乃壽亦有赤泉飲之不老）一曰在穿匈國東

岐舌國在其東（其人舌皆岐或云支舌也）一曰在不死民東

崑崙墟在其東墟四方（墟山下基也）一曰在岐舌東為墟四方

羿與鑿齒戰於壽華之野羿射殺之在崑崙墟東羿持弓矢鑿齒持盾（鑿齒亦人也齒如鑿長五六尺因以名云）一曰戈

未詳

三首國在其東其為人一身三首一曰在鑿齒東

周饒國在其東其為人短小冠帶其人長三尺穴居能為機巧有五穀也

一曰焦僥國在三首東外傳云焦僥民長三尺短之至也詩含神霧曰從中州以東西四十萬里得焦僥國人長尺五寸也

長臂國在其東捕魚水中兩手各操一魚舊說云其人手下垂至地魏黃初中玄菟太守王頎討高句麗王宮窮追之過沃沮國其東界臨大海近日之所出問其耆老海東復有人否云嘗在海中得一布褶身如中人衣兩袖長三尺即此長臂人衣也一曰在焦僥東捕魚海中

狄山帝堯葬于陽呂氏春秋曰堯葬穀林今陽城縣西東阿縣城次鄉中赭陽縣湘亭南皆有堯冢帝嚳葬于陰嚳堯父號高辛今冢在頓丘縣城南臺陰野中也音酷爰有熊羆文虎彪虎也尸子曰中黃伯余左執大行之優而右搏雕虎也蜼豹蜼獮猴類離朱木名也見莊子今圖作赤鳥視肉聚肉形如牛肝有兩目也食之無盡尋復更生如故吁咽所未詳也文王皆葬其所今文王墓在長安鄗聚社中按帝王冢墓皆有定處而山海經往往復見之者蓋以聖人久於其位仁化廣及恩洽鳥獸至于殂亡四海若喪考妣無思不哀故絕域殊俗之人聞天子崩各自立坐而祭醊哭位起土為冢是以所在有馬亦猶漢氏諸遠郡國皆有天子廟此其遺象也

一曰湯山一曰爰有熊羆文虎蜼豹離朱鴟久鴟久鵂鶹之屬視肉虖交所未詳也其范林方三百里言林木氾濫布衍也

新刻山海經卷之七

晉　郭　璞　傳
明　胡文煥　校

海外西經

海外自西南陬至西北陬者

滅蒙鳥在結匈國北為鳥青赤尾

大運山高三百仞在滅蒙鳥北

大樂之野夏后啓于此儛九代（九代馬名儛謂盤作之令舞也）乘兩龍雲蓋三層（層猶重也）左手操翳（羽葆幢也）右手操環（玉空邊等為環）佩玉璜（半璧曰璜）在大運山北（歸藏鄭母經曰夏后啓筮御飛龍登于天吉明啓亦仙也）一曰大遺之野（大荒經云大穆之野）

三身國在夏后啓北一首而三身

一臂國在其北一臂一目一鼻孔有黃馬虎文一目而一手

奇肱之國（肱或作弘奇音羈）在其北其人一臂三目有陰有陽乘文馬（陰在上陽在下文馬即吉良也）有鳥焉兩頭赤黃色在其旁（其人善為機巧以取百禽能作飛車從風遠行湯時得之于豫州界中即壞之不以示人後十年西風至復作遣之）形天與地至此爭神帝斷其首葬之常羊之山乃以乳為目以臍為口操干戚以舞（干盾戚斧也是為無首之氏）

女祭女戚在其北居兩水閒戚操魚䱋鮮魚鱓祭操俎肉几

鴜鳥鸇鳥次詹兩音其色青黃所經國亡此應禍之鳥即今梟鵂鶹之類在女祭北鴜鳥人面居山上一曰維鳥青鳥黃鳥所集

丈夫國在維鳥北其為人衣冠帶劍殷帝太戊使王孟採藥從西王母至此絕糧不能進食木實衣木皮終身無妻而生二子從形中出其父即死是為丈夫民

女丑之尸生而十日炙殺之在丈夫北以右手鄣其面蔽面十日居上女丑居山之上

巫咸國在女丑北右手操青蛇左手操赤蛇在登葆山羣巫所從上下也採藥往來

并封在巫咸東其狀如彘前後皆有首黑今弩弦蛇亦此類也

女子國在巫咸北兩女子居水周之有黃池婦人入浴出即懷姙矣若生男子三歲輒死周猶繞也離騷曰水周于堂下也一曰居一門中

軒轅之國在此窮山之際其不壽者八百歲其國在山南邊也大荒經曰岷山之南在女子國北人面蛇身尾交首上

窮山在其北不敢西射畏軒轅之丘言敬畏黃帝威靈故不敢向西而射也在軒轅國北其丘方四蛇相繞繚繞樛纏

此諸夭之野夭音妖鸞鳥自歌鳳鳥自舞鳳皇卵民食之甘露民飲之所欲自從也言滋味無所不有所願得自在此謂夭野也百獸相與羣居在四蛇北其人兩手操卵食之兩鳥居前導之

龍魚陵居在其北狀如貍（或曰龍魚似貍一角）一曰鰕（音遐）即有神聖乘此以行九野（九域之野）一曰鼈魚（鼈音惡黃也）在夭野北其爲魚也如鯉

白民之國在龍魚北白身被髮（言其人體洞白）有乘黃其狀如狐其背上有角乘之壽二千歲（周書曰白民乘黃似狐背上有兩角即飛黃也淮南子曰天下有道飛黃伏皁）

肅愼之國在白民北有樹名曰雄（或作雒）常先入伐帝於此取之（其俗無衣服中國有聖帝代立者則此木生皮可衣也）

長股之國在雄常北被髮（國在赤水東也長臂人身如中人而臂長二丈以類推之則此人脚過三丈矣黃帝時至或曰長脚人常負長臂人入海中捕魚也）一曰長脚（或曰

有喬國今伎家喬人蓋象此身

西方蓐收左耳有蛇乘兩龍（金神也人面虎爪白毛執鉞見外傳）

新刻山海經卷之八

晉　郭璞　傳

明　胡文煥　校

海外北經

海外自東北陬至西北陬者

無䏿之國音啟或作綮在長股東為人無䏿䏿肥腸也其人穴居食土無男女死即埋之其心不朽死百廿歲乃復更生

鍾山之神名曰燭陰燭龍也是燭九陰因名云視為晝瞑為夜吹為冬呼為夏不飲不食不息息為風息氣息也身長千里在無䏿之東其為物人面蛇身赤色居鍾山下淮南子曰

龍身一足

一目國在其東一目中其面而居一曰有手足

柔利國在一目東為人一手一足反膝曲足居上一脚一手反卷曲也一云留利之國人足反折

共工之臣曰相柳氏共工霸九州者九首以食于九山頭各自食一山之物言貪暴難饜相柳之所抵厥為澤谿抵觸厥掘也音撅禹殺相柳其血腥不可以樹五穀種禹厥之三仞三沮掘塞之而土三沮滔言其血膏浸潤壞地乃以為衆帝之臺言地潤濕唯可積土以為臺觀在崑崙之北此崑崙山在海外者柔利之東相柳者九首人面蛇身而青不敢北射畏共工之臺臺在其東臺四方

隅有一蚖虎色首衡南方衡猶向也

深目國在其東為人舉一手一目一作曰在共工臺東

無腸之國在深目東一作南其為人長而無腸為人長大腹內無腸所食之物直通過

聶耳之國在無腸國東使兩文虎為人兩手聶其耳言耳長行則以手攝持之也音諸頰反縣居海水中縣猶邑也及水所出入奇物言盡規有之兩虎在其東

夸父與日逐走入日言及日于將入也逐音冑渴欲得飲飲于河渭河渭不足北飲大澤未至道渴而死棄其杖化為鄧林夸父者蓋神人之名也其能及日景而傾河渭豈以走飲哉寄用于走飲耳幾乎不疾而速不行而至者矣此以一體為萬殊存亡代謝寄鄧林而遯形惡得尋其靈化哉

博父國在聶耳東其為人大右手操青蛇左手操黃蛇鄧林在其東二樹木一曰博父禹所積石之山在其東河水所入河出崑崙而潛行地下至葱嶺復出注鹽澤後鹽澤復行南出于此山而為中國河遂注海也書曰導河積石言時有壅塞故導利以通之

拘纓之國在其東一手把纓言其人常以一手持冠纓也或曰纓宜作癭一曰利纓之國尋木長千里在拘纓南生河上西北

跂踵國跂音企在拘纓東其為人大兩足亦大其人行腳跟不著地也孝經鉤命訣曰焦僥跂踵重譯款塞也一曰大踵

歐絲之野在大踵東一女子跪據樹歐絲音噉桑而吐絲蓋蠶

類也

三桑無枝在歐絲東其木長百仞無枝言皆長百仞也

范林方三百里在三桑東洲環其下洲水中可居者環繞也

務隅之山帝顓頊葬于陽顓頊號為高陽冢今在濮陽故帝丘也一曰頊丘縣城門外廣陽里中九嬪葬于陰嬪婦一曰爰有熊羆文虎離朱

鴟久視肉

平丘在三桑東爰有遺玉遺玉玉石青鳥視肉楊柳甘柤柤樹枝幹皆赤黃華白葉黑實呂氏春秋曰其山之東有甘柤焉音如柤梨之柤甘華亦赤枝幹黃華百果所生在兩山夾上谷二大丘居中名曰平丘

北海內有獸其狀如馬名曰騊駼陶塗兩音見爾雅有獸焉其名曰駮狀如白馬鋸牙食虎豹周書曰義渠茲白茲白若白馬鋸牙食虎豹按此二說與爾雅同有素獸焉狀如馬名曰蛩蛩即蛩蛩鉅虚也一走百里見穆天子傳音卬有青獸焉狀如虎名曰羅羅

北方禺彊人面鳥身珥兩青蛇踐兩青蛇字玄冥水神也莊周曰禺彊立于北極一曰禺京一本云北方禺彊黑身手足乘兩龍

新刻山海經卷之九

晉　郭　璞　傳
明　胡文煥　校

海外東經

海外自東南陬至東北陬者

蹉丘（音嗟或作髮）爰有遺玉青馬視肉楊柳甘柤甘華甘果所生在東海兩山夾丘上有樹木一曰嗟丘一曰百果所在在堯葬東

大人國在其北為人大坐而削船一曰在蹉丘北

奢比之尸在其北（亦神名也）獸身人面大耳珥兩青蛇（珥以蛇貫耳也音鉤餌之餌）一曰肝榆之尸在大人北

君子國在其北衣冠帶劍食獸使二大虎在旁其人好讓不爭有薫（或作堇）華草朝生夕死一曰在肝榆之尸北

𧈢𧈢在其北（音虹）各有兩首（虹螮蝀也）一曰在君子國北

朝陽之谷神曰天吳是為水伯在𧈢𧈢北兩水間其為獸也八首人面八足八尾皆青黃（大荒東經東十尾）

青丘國在其北（其人食五穀衣絲帛）其狐四足九尾一曰在朝陽北（汲郡竹書曰柏杼子征于東海及三壽得一狐九尾即此類也）

帝命豎亥步自東極至于西極五億十選（豎亥健行人選萬）

九千八百步竪亥右手把筭左手指青丘北一曰禹
令竪亥一曰五億十萬九千八百步詩含神霧曰天地東西二億三萬三千里南北二億一千五百里天地相去一億五萬里
黑齒國在其北東夷傳曰倭國東四千餘里有裸國裸國東南有黑齒國船行一年可至也異物志云西屠染齒亦以放此人為人黑食稻啖蛇一赤一青一作一青蛇
在其旁一曰在竪亥北為人黑手食稻使蛇其一
蛇赤下有湯谷谷中水熱也湯谷上有扶桑扶桑木也十日所
浴在黑齒北居水中有大木九日居下枝一日居上
枝莊周云昔者十日並出草木焦枯淮南子亦云堯乃令羿射十日中其九日日中烏盡死離騷所謂羿焉畢日烏焉落羽者也歸藏鄭母經云昔者羿善射畢十日果畢之汲郡竹書曰胤甲即位居西河有

妖孽十日並出明此自然之異有自來矣傳曰天有十日日之數十此云九日居下枝一日居上枝大荒經人云一日方至一日方出明天地雖有十日自使以次第迭出運照而今俱見為天下妖災故羿禀堯之命洞其靈誠仰天控弦而九日潛退也假令器用可以激水烈火精感可以降霜回景然則羿之鑠明離而斃陽烏未足為難也若搜之常情則無理矣然推之以數則無往不通達觀之客宜領其玄致歸之冥會則逸義無滯言奇不廢矣雨師妾在其北雨師謂屏翳也其為人黑兩
手各操一蛇左耳有青蛇右耳有赤蛇一曰在十日
北為人黑身人面各操一龜
玄股之國在其北髀以下盡黑故云其為人衣魚以魚皮為衣也食
鷗鷗水鳥也音憂使兩鳥夾之一曰在雨師妾北
毛民之國在其北為人身生毛今去臨海郡東南一千里有毛人在大海

新刻山海經卷之十

晉 郭璞 傳

明 胡文煥 校

海內南經

海內東南陬以西者（從南頭起之也）

甌居海內（今臨海司寧縣即東甌在岐海中也音嘔）閩在海中（音旻）其西北有山（閩越即西甌今建安郡是也亦在岐海中）一曰閩中山在海中

三天子鄣山（音章）在閩西海北（今在新安歙縣東今謂之三王山浙江出其邊也張氏土地記曰東陽永康縣南四里有石城山上有小石城云黃帝曾遊此即三天子都也）一曰在海中

桂林八樹在番隅東（八樹而成林信其大也番隅今番隅縣）

伯慮國（未詳）離耳國（鏤離其耳分令下垂以為飾即儋耳也在朱崖海渚中不食五穀但噉蚌及藷䕦也）彫題國（點涅其面畫體為鱗采即鮫人也）北朐國（音劬未詳）皆在鬱水南鬱水出湘陵南海 一曰相慮

梟陽國在北朐之西其為人人面長脣黑身有毛反踵見人笑亦笑左手操管（周書曰州靡髴髴者人身反踵自笑笑則上脣揜其面爾雅云髴髴大傳曰周成王時州靡國獻之海內經謂之贛巨人今交州南康郡深山中皆有此物也長丈許脚根反向健走被髮好笑雌者能作汁灑中人即病土俗呼為山都南康今有贛水以有此人因以名水猶大荒說地有域人人因號其山為域山亦此類也）

兕在舜葬東湘水南其狀如牛蒼黑一角

蒼梧之山帝舜葬于陽即九疑山也禮記亦曰舜葬蒼梧之野帝丹朱葬于陰今丹陽復有丹朱冢也竹書亦曰后稷放帝朱于丹水與此義符丹朱稱帝者猶漢山陽公死加獻帝之謚也氾林方三百里在狌狌東或作猩猩字同耳狌狌知人名其為獸如豕而人面周書曰鄭郭狌狌者狀如黃狗而人面頭如雄雞食之不眯今交州封溪山狌狌土俗人說云狀如豚而後似狗聲如小兒啼也在舜葬西狌狌西北有犀牛其狀如牛而黑犀牛似水牛豬頭在猩猩知人名之西北庳脚三角

夏后啟之臣曰孟涂是可神于巴人聽其獄訟為之神主請訟于孟涂之所令斷之也其衣有血者乃執之不直者則血見于衣是請生言好生也居山上在丹山西丹山在丹陽南丹陽居

屬也今建平郡丹陽城秭歸縣東七里即孟涂所居也

窫窳龍首居弱水中在狌狌知人名之西其狀如龍首食人窫窳本蛇身人面為貳負臣所殺復化而成此物也有木其狀如牛河圖玉版說芝草樹生或如車馬或如龍蛇之狀亦此類也引之有皮若纓黃蛇言之皮剝如人冠纓及黃蛇狀也其葉如羅如綾羅也其實如欒欒木名或作卵或作麻黃本赤枝青葉生雲雨山音欒其木若蓲蓲亦木名未詳其名曰建木在窫窳西弱水上建木青葉紫莖黑花黃實其下聲無響立無影也

氐人國音觸抵之抵在建木西其為人人面而魚身無足盡胸以上人胸以下魚也

巴蛇食象三歲而出其骨君子服之無心腹之疾今南

方蚺蛇吞鹿鹿已爛自絞于樹腹中骨皆穿鱗甲間出此其類也楚詞曰有蛇吞象厥大何如説者云長千尋其為蛇青黃赤黑一曰黑蛇青首在犀牛西

旄馬其狀如馬四節有毛穆天子傳所謂豪馬者亦有旄牛在巴蛇西北高山南

匈奴一曰獫狁開題之國音提列人之國並在西北三國並在旄馬西北

新刻山海經卷之十一

晉　郭璞　傳

明　胡文煥　校

海内西經

海内西南陬以北者

貳負之臣曰危危與貳負殺窫窳帝乃梏之疏屬之山梏猶繫縛也古沃切桎其右足桎戒也反縛兩手與髮并髮合縛之也繫之山上木在開題西北漢宣帝使人上郡發盤石石室中得一人跣裸被髮反縛械一足以問羣臣莫能知劉子政按此言對之宣帝大驚於是時人爭學山海經矣論者多以為是其尸象非真體也意者以靈怪變化論難以理測物禀異氣出于不然不可以常運推不可以近數揆矣

魏時有人發周王冢者得殉女子不死不生數日時有氣數月而能語狀如廿許人送詣京師郭太后愛養之恒在左右十餘年太后崩此女哀思哭泣一年餘而死即此類也

大澤方百里羣鳥所生及所解百鳥於此生乳解之毛羽在鴈門北鴈門山鴈出其間在高柳北

高柳在代北

后稷之葬山水環之在廣都之野在氐國西

流黃豐氏之國中方三百里言國城內有塗四方塗道中有山在后稷葬西

流沙出鍾山西行又南行崑崙之墟西南入海黑水之山今西海居延澤尚書所謂流沙者形如月生五日也

東胡在大澤東

夷人在東胡東

貊國在漢水東北今扶餘國即濊貊故地在長城北去玄菟千里出名馬赤玉貂皮大珠如酸棗也地近于燕滅之

孟鳥亦鳥名也在貊國東北其鳥文赤黃青東鄉

海內崑崙之墟在西北言海內者明海外復有崑崙山帝之下都崑崙之墟方八百里高萬仞皆謂其墟基廣輪之高庳耳自此以上二千五百餘里上有醴泉華池去嵩高五萬里蓋天地之中也見禹本紀上有木禾長五尋大五圍木禾穀類也生黑水之阿可食見穆天子傳面有九井以玉為檻檻欄面有九門門有開明獸守之百神之所在在八隅之巖在巖閒也赤水之際非仁羿莫能上岡之巖言非仁人及有才藝如羿者不能得登此山之岡嶺巉巖也羿嘗請藥西王母亦言其得道也羿一或作聖

赤水出東南隅以行其東北西南流注南海厭火東

河水出東北隅以行其北西南又入渤海又出海外即西而北入禹所導積石山禹治水復決疏出之故云導河積石

洋音翔水黑水出西北隅以東東行又東北南入海羽民南

弱水青水出西南隅以東又北又西南過畢方鳥東西域傳烏弋國去長安萬五千餘里西行可百餘日至條枝國臨西海長老傳聞有弱水西王母云東夷傳亦曰長城外數千里亦有弱水皆所未見也淮南子云弱水出窮石窮石今之西郡刪丹蓋其派別之

源耳

崑崙南淵深三百仞（靈淵）開明獸身大類虎而九首皆人面東嚮立崑崙上（天獸也銘曰開明為獸禀資乾精瞪視崑崙威振百靈）

開明西有鳳凰鸞鳥皆戴蛇踐蛇膺有赤蛇

開明北有視肉珠樹文玉樹（五彩玉樹）玕琪樹（玕琪赤玉屬也吳天璽元年臨海郡吏伍曜在海水際得石樹高二尺餘莖葉紫色詰曲傾靡有光彩即玉樹之類也于其兩音）不死樹（言長生也）鳳凰鸞鳥皆戴瞂（音戈瞂也）又有離朱木禾栢樹甘水（即醴泉也）聖木（食之令人智聖也）曼兊（未詳）一曰梃木牙交（淮南作旋樹旋玉類也）

開明東有巫彭巫抵巫陽巫履巫凡巫相（皆神醫也世本曰巫彭作醫楚詞曰帝告巫陽）夾窫窳之尸皆操不死之藥以距之（為距却死氣求更生）窫窳者蛇身人面貳負臣所殺也

服常樹其上有三頭人伺琅玕樹（服常木未詳琅玕子似珠爾雅曰西北之美者有崑崙之琅玕焉莊周曰有人三頭遞臥遞起以伺琅玕與玗琪子謂此人也）

開明南有樹鳥六首蛟（蛟似蛇四脚龍類也）蝮蛇蜼豹鳥秩樹（木名未詳）於表池樹木（言列樹以表池即華池也）誦鳥（鳥名形未詳）鶽（鵰也穆天子傳曰爰有白鶽青鵰音作筍之筍）視肉

新刻山海經卷之十一

新刻山海經卷之十二

晉　郭　璞　傳
明　胡文煥　校

海內北經

海內西北陬以東者

蛇巫之山上有人操柸而東向立一曰龜山（柸或作棓字同）

西王母梯几而戴勝杖（梯謂憑也）其南有三青鳥為西王母取食（又有三足鳥主給使）在崑崙虛北有人曰大行伯把戈

其東有犬封國（昔盤瓠殺戎王高辛以美女妻之不可以訓乃浮之會稽東海中得三百里地封之生男為狗女為美人是為狗封之國也）貳負之尸在大行伯東

犬封國曰犬戎國狀如犬（黃帝之後卞明生白犬二頭自相牝牡遂為此國言狗國也）有一女子方跪進柸食（與酒食也）有文馬縞身（色白如縞）朱鬣目若黃金名曰吉量（一作良）乘之壽千歲（周書曰犬戎文馬赤鬣白身目若黃金名曰吉黃之乘成王時獻之六韜曰文身朱鬣眼若黃金項若鷄尾名曰鷄斯之乘大傳曰駮身朱鬣鷄目山海經亦有吉黃之乘壽千歲者惟名有不同說有小錯其實一物耳今博舉之以廣異聞也）

鬼國在貳負之尸北為物人面而一目一曰貳負神在其東為物人面蛇身

蜪犬（音陶或作蚼音鉤）如犬青食人從首始

窮奇狀如虎有翼（毛如蝟）食人從首始所食被髮在蜪

夫北一曰從足

帝堯臺帝嚳臺帝丹朱臺帝舜臺各二臺臺四方在崑崙東北此蓋天子巡狩所經過夷狄慕聖人恩德輙共為築立臺觀以標顯其遺跡也一本云所殺相柳地腥臊不可種五穀以為衆帝之臺

大蠭其狀如螽朱蛾其狀如蛾蛾蚍蜉也楚詞曰玄蜂如壺赤蛾如象謂此也

蟜其為人虎文脛有䏿言脚有膞腸也蟜音橋在窮奇東一曰狀如人崑崙虛北所有此同上物事也

闒非人面而獸身青色闒音榻

據比一云掾比之尸其為人折頸被髮無一手

環狗其為人獸首人身一曰蝟狀如狗黃色

袜其為物人身黑首從目袜即魅也

戎其為人人首三角

林氏國有珍獸大若虎五彩畢具尾長于身名曰騶吾乘之日行千里六韜云紂囚文王閎夭之徒詣林氏國求得此獸獻之紂大悅乃釋之周書曰夾林酋耳酋耳若虎尾參於身食虎豹大傳謂之侄獸吾宜作虞也

崑崙虛南所有氾林方三百里

從極之淵深三百仞維冰夷恒都焉冰夷馮夷也淮南云馮夷得道以潛大川即河伯也穆天子傳所謂河伯無夷者竹書作馮夷字或作冰也冰夷人面乘兩龍畫四面各乘靈車駕二龍

一曰忠極之淵陽汙之山河出其

中陵門之山河出其中皆河之枝源所出之處也
王子夜之尸兩手兩股胸首齒皆斷異處此盖形解而神連貌華而氣合合不為客離不為虢
舜妻登比氏生宵明燭光即二女字也以能光照因名云處河大澤澤河邊溢漫處二女之靈能照此所方百里言二女神光所燭及者方百里
一曰登北氏
蓋國在鉅燕南倭北倭屬燕倭國在帶方東大海內以女為主其俗露紒衣服無針功以丹朱塗身不姑忌一男子數十婦也
朝鮮在列陽東海北山南列陽屬燕朝鮮今樂浪縣箕子所封也列亦水名也今在帶方帶方有列口縣

列姑射在海河洲中山名也山有神人河洲在海中河水所經者莊子所謂藐姑射之山也
姑射國在海中屬列姑射西南山環之
大蟹在海中蓋千里之蟹也
陵魚人面手足魚身在海中
大鯾居海中鯾即魴也音鞭
明組邑居海中音祖
蓬萊山在海中上有仙人宮室皆以金玉為之鳥獸盡白望之如雲在渤海中也
大人之市在海中
新刻山海經卷之十二

新刻山海經卷之十三

晉　郭璞　傳
明　胡文煥　校

海內東經

海內東北陬以南者

鉅燕在東北陬

國在流沙中者埻端璽㬇埻音敦㬇音喚或作繭㬇

南一曰海內之郡不為郡縣在流沙中

國在流沙外者大夏大夏國城方二三百里分為數十國地和溫宜五穀豎沙居繇月支之國月支國多好馬美果有大尾羊如驢尾即羬羊也小月支天竺國皆附庸云繇音遙

西胡白玉山在大夏東蒼梧在白玉山西南皆在流沙西崑崙虛東南崑崙山在西胡西皆在西北地理志崑崙山在臨羌西又有西王母祠也

雷澤中有雷神龍身而人頭鼓其腹在吳西今城陽有堯冢靈臺雷澤在北也河圖曰大迹在雷澤華胥履之而生伏羲

都州在海中一曰郁州今在東海朐縣界世傳此山自蒼梧從南徙來上皆有南方物也郁音鬱

琅邪臺在渤海間琅琊之東今琅琊在海邊有山嶕嶢特起狀如高臺此即琅邪臺也琅邪者越王勾踐入霸中國之所都其北有山一曰在海間

韓鴈在海中都州南

始鳩在海中轅厲南國名或曰鳥名也

會稽山在大楚南岷三江首

大江出汶山今江出汶山郡升遷縣岷山東南經蜀郡犍為至江陽東北經巴東建平宜都南郡江夏弋陽安豐至廬江南界東北經淮南下邳至廣陵郡入海北江出曼山南江出高山高山在城都西入海在長州南

浙江出三天子都在其東按地理志浙江出新安黟縣南蠻中東入海今錢塘浙江是也黟即歙也浙音折在閩西北入海餘暨南餘暨縣屬會稽今為永興縣

廬江出三天子都入江彭澤西彭澤今彭蠡也在尋陽彭澤縣一曰

天子鄣

淮水出餘山餘山在朝陽東義鄉西入海淮浦北今淮水出義陽平氏縣桐柏山東北經汝南汝陰淮南譙國下邳至廣陵縣入海朝陽縣今屬新野

湘水出舜葬東南陬西環之環繞也今湘水出零陵營道縣陽湖山入江入洞庭下洞庭地穴也在長沙巴陵今吳縣南太湖中有包山下有洞庭穴道潛行水底云無所不通號為地脈一曰東南西澤

漢水出鮒魚之山書曰嶓冢導漾東流為漢按水經漢水出武都沮縣東狼谷經漢中魏興至南鄉東經襄陽至江夏安陸縣入江別為沔水又為滄浪之水帝顓頊葬于陽

九嬪葬于陰四蛇衛之言有四蛇衛守山下

濛水出漢陽西入江聶陽西漢陽縣屬朱提

溫水出崆峒山在臨汾南入河華陽北今溫水在京兆陰盤縣水常溫也臨汾縣屬平陽

潁水出少室少室山在雍氏南入淮西鄖北今潁水出河南陽城縣乾山東南經潁川汝陰至淮南下蔡入淮鄖今鄖陵縣屬潁川一曰緱氏縣屬河南音鈎

汝水出天息山在梁勉鄉西南入淮極西北今汝水出南陽魯陽縣大孟山東北至河南梁縣東南經襄城潁川汝南至汝陰褒信縣入淮淮極地名一曰淮在期思北期思縣屬弋陽

涇水出長城北山山在郁郅長垣北皆縣名也郅音桎北入渭戲北今涇水出安定朝那縣西笄頭山東南經新平扶風至京兆高陵縣人渭戲地名今新豐縣也

渭水出鳥鼠同穴山東注河入華陽鳥鼠同穴山今在隴西首陽縣渭水出其東經南安天水畧陽扶風始平京兆弘農華陰縣入河

白水出蜀而東南注江色微白濁今在梓橦白水縣源從臨洮之西西傾山來經沓中東流通陰平至漢壽縣入潛入江州城下江州縣屬巴郡

沅水山出象郡鐔城西象郡今日南也鐔城縣今屬武陵音尋入東注江入下雋西下雋縣今屬長沙音昨兗反合洞庭中水經曰沅水出䍧牁且蘭縣又東北至鐔城縣為沅水又東過臨沅縣南又東至長沙下雋縣

贛水出聶都東山今贛水出南康南野縣西北音感東北注江入彭澤西

泗水出吳東北而南西南過湖陵西而東南注

東海入淮陰北今泗水出魯國下縣西南至高平胡陸縣東南經沛國彭城下邳至臨淮下相縣入淮

鬱水出象郡而西南注南海入須陵東南

肄水出臨晉西南音如肄習之肄而東南注海入番禺西番禺縣屬南海越之城下也

潢水出桂陽西北山東南注肄水入敦浦西

洛水出洛西山東北注河入成皋之西書曰道洛自熊耳按水經洛水今出上洛冢嶺山東北經弘農至河南鞏縣入河成皋縣亦屬河南也

汾水出上窳北音愈而西南注河入皮氏南今汾水出太原晉陽故汾陽縣東南經晉陽西南經西河平陽至河東汾陰入河皮氏縣屬平陽

沁水出井陘山東東南注河入懷東南懷縣屬河內河內北有井陘山

濟水出共山南東丘共與恭同絕鉅鹿澤絕猶截度也鉅鹿今在高平注勃海入齊琅槐東北今濟水自滎陽卷縣東經陳留至濟陰北東北至高平東北經濟南至樂安博昌縣入海今碣石也諸水所出又與水經違錯以爲凡山川或有同名而異實或同實而異名或一實而數名佀是而非佀非而是且歷代久遠古今變易語有楚夏名號不同未得詳也

潦水出衛皋東出塞外衛皋山玄菟高句驪縣有潦山小潦水所出西河注大潦音潦

東南注勃海入潦陽潦陽縣屬潦東

虖沱水出晉陽城南而西至陽曲北而東注勃海經河間樂城東北注勃海也晉陽陽曲縣皆屬太原入越章武北章武郡名

漳水出山陽東東注渤海入章武南新城沂陰縣亦有漳水

新刻山海經卷之十四

晉　郭璞　傳

明　胡文煥　校

大荒東經

東海之外大壑詩含神霧曰東注無底之谷謂此壑也離騷曰降望大壑少昊之國少昊金天氏帝摯之號也少昊孺帝顓頊於此孺義未詳棄其琴瑟言其壑中有琴瑟也有甘山者甘水出焉生甘淵水積則成淵也

大荒東南隅有山名皮毋帝丘

東海之外大荒之中有山名曰大言日月所出有波谷山者有大人之國晉永嘉二年有鶖鳥集于始安縣南廿里之鶖陂中民周虎張

得之木矢貫之鐵鏃其長六尺有半以箭計之其射者人身應長一丈五六尺也又平州別駕高會語云倭國人嘗行遭風吹度大海外見一國人皆長丈餘形狀似胡蓋是長翟別種箭殆將從此國來也外傳曰焦僥人長三尺短之至也長者不過十丈數之極也按河圖玉版曰從崑崙以北九萬里得龍伯國人長三十丈生萬八千歲而死從崑崙以東得大秦人長十丈皆衣帛從此以東十萬里得佻人國長三十丈五尺從此以東十萬里得中秦國人長一丈穀梁傳曰長翟身橫九畝載其頭眉見於軾即長數丈人也秦時大人見臨兆身長五丈脚跡六尺準斯以言則此大人之長短未可得限度也

有大人之市名曰大人之堂亦山名形狀如堂室耳大人時集會其上作市肆也

有一大人踆其上張其兩耳踆或作俊皆古蹲字莊子曰踆於會稽也

有小人國名靖人詩含神霧曰東北極有人長九寸殆謂此小人也或作竫音同

有

神人面獸身名曰犁䰠之尸　音靈
有潏山楊水出焉　音如譎詐之譎
有蔿國黍食　言此國中惟有黍穀也蔿音口僞反　使四鳥虎豹熊羆
大荒之中有山名曰合虛日月所出有中容之國帝
俊生中容　俊亦舜字假借音也　中容人食獸木實　此國中有赤木玄木其華
實美見呂氏春秋　使四鳥豹虎熊羆
有東口之山有君子之國其人衣冠帶劍　亦使虎豹好謙讓也
有司幽之國帝俊生晏龍晏龍生司幽司幽生思士
不妻思女不夫　言其人直思感而氣通無配合而生子亦莊生所謂白鶂相視眸子不運
而感風化之類也　食黍食獸是使四鳥有大阿之山者

大荒中有山名曰明星日月所出
有白民之國帝俊生帝鴻帝鴻生白民白民銷姓黍
食使四鳥虎豹熊羆　又有乘黃獸乘之以致壽考也
有青丘之國有狐九尾　太平則出而為瑞也　有柔僕民是維嬴
土之國　嬴猶沃衍也音盈　有黑齒之國　齒如漆也　帝俊生黑齒　聖人
神化無方故其後世所降育多有殊類異狀之人諸言生者多謂其苗裔未必是親所產　姜姓黍
食使四鳥有夏州之國有蓋余之國有神人八首人
面虎身十尾名曰天吳　水伯
大荒之中有山名曰鞠陵于天　音菊　東極離瞀　三山名也音穀
瞀　日月所出名曰折丹　神人　東方曰折　單吁之　來風曰俊

未詳來風所在也處東極以出入風言此人能節宣風氣時其出入
東海之渚中渚島有神人面鳥身珥兩黃蛇以蛇貫耳踐兩
黃蛇名曰禺䝞黃帝生禺䝞禺䝞生禺京即禺彊也禺京
處北海禺䝞處東海是惟海神言分治一海而為神也䝞一本作號
有招搖山融水出焉有國曰玄股自髀以下如漆黍食使四
鳥有困民國勾姓而食有人曰王亥兩手操鳥方食
其頭王亥託于有易河伯僕牛河伯僕牛皆人姓名託寄也見汲郡竹書
有易殺王亥取僕牛竹書曰殷王子亥賓于有易而淫焉有易之君綿臣殺而放之
是故殷主甲微假師于河伯以伐有易滅之遂殺其君綿臣也河念有易有易潛出
為國於獸方食之名曰搖民言有易本與河伯有善上甲微殷之賢王假師

以義伐罪故河伯不得不助滅之旣而哀念有易使得潛化而出化為搖民國帝舜生戲戲
生搖民海內有兩人此乃有易所化者也名曰女丑即女丑之尸言其變
化無常也然則一以涉化津而遯神域者亦無往而不之觸感而寄迹矣范蠡之倫亦聞其風者也有
丑有大蟹廣千里也
大荒之中有山名曰孽搖頵羝上有扶木柱三百里
其葉如芥柱猶起高也葉似芥菜有谷曰溫源谷溫源即湯谷也湯谷
上有扶木扶桑在上一日方至一日方出言交會相代也皆載于
烏中有三足烏有神人面犬耳獸身珥兩青蛇名曰奢比
尸有五彩之鳥相鄉棄沙未聞沙義惟帝俊下友亦未聞也帝
下兩壇彩鳥是司言山下有舜二壇五彩鳥主之

大荒之中有山名曰猗天蘇門日月所生有壎民之國（音如諠譁之諠）有綦山（音忌）又有搖山有䰠山（音如釜甑之甑）又有門户山又有盛山又有待山有五彩之鳥

東荒之中有山名曰壑明俊疾日月所出有中容之國東北海外又有三青馬三騅（馬蒼白雜毛為騅）甘華爰有遺玉三青鳥三騅視肉（聚肉有眼）甘華甘柤百穀所在（言自生也）

有女和月毋之國有人名曰鳧（音婉）北方曰鳧來之風曰狻（言亦有兩名也音剡）是處東極隅以止日月使無相間出沒司其短長（言鳧主察日月出入不令得相間錯知景之短長）

大荒東北隅中有山名曰凶犁土丘應龍處南極（應龍龍有翼者也）殺蚩尤與夸父（蚩尤作兵者）不得復上（應龍遂住地下）故下數旱（上無復作雨者故也）旱而為應龍之狀乃得大雨（今之土龍本此氣應自然冥感非人所能為也）

東海中有流波山入海七千里其上有獸狀如牛蒼身而無角一足出入水則必風雨其光如日月其聲如雷其名曰夔黃帝得之以其皮為鼓橛以雷獸之骨（雷獸即雷神也人面龍身鼓其腹者橛猶擊也）聲聞五百里以威天下

新刻山海經卷之十四

新刻山海經卷之十五

晉　郭璞　傳

明　胡文煥　校

大荒南經

南海之外赤水之西流沙之東（赤水出崑崙山流沙出鍾山也）有獸左右有首名曰跊踼（出後名國點惕兩音）有三青獸相并名曰雙雙（言體合為一也公羊傳所云雙雙而俱至者蓋謂此也）

有阿山者南海之中有氾天之山赤水窮焉（流極於此山也）赤水之東有蒼梧之野舜與叔均之所葬也（叔均商均也舜巡狩死於蒼梧而葬之商均因畱死亦葬焉基今在九疑之中）爰有文貝（即紫貝也）離俞（即離朱）鴟久（即鵂鶹也）鷹賈（賈亦鷹屬）委維（即委蛇也）熊羆象虎豹狼視肉

有榮山榮水出焉黑水之南有玄蛇食麈（今南山蚺蛇吞鹿亦此類）

有巫山者西有黃鳥帝藥八齋（天地神仙藥在此也）黃鳥於巫山司此玄蛇（言主之也）

大荒之中有不庭之山榮水窮焉有人三身帝俊妻娥皇生此三身之國（蓋後裔所出也）姚姓黍食使四鳥（姚舜姓也）

有淵四方四隅皆達（言淵四角皆旁通也）北屬黑水南屬大荒（屬猶連也）北旁名曰少和之淵南旁名曰從淵（音驄馬之驄）舜

之所浴也(言舜嘗在此中澡浴也)又有成山甘水窮焉(甘水出此山極此中也)有季禺之國顓頊之子食黍(言此國人顓頊之裔子也)有羽民之國其民皆生毛羽有卵民之國其民皆生卵(即卵生也)大荒之中有不姜之山黑水窮焉(黑水出崑崙山)又有賈山汔水出焉又有言山又有登備之山(即登葆山羣巫所從上下者也)有恝恝之山(音如券契之契)又有蒲山澧(音禮)水出焉又有隗山(音如隗囂之隗)其西有丹其東有玉又南有山漂水出焉(音栗)有尾山有翠山(言此山有翠鳥也)有盈民之國於姓黍食又有人方食木葉

有不死之國阿姓甘木是食(甘木即不死樹食之不老)大荒之中有山名曰去痓南極果北不成去痓果(音如)(風痓之痓未詳)南海渚中有神人面珥兩青蛇踐兩赤蛇曰不廷胡余(神名耳)有神名曰因因乎南方曰因乎夸風曰乎民處南極以出入風(亦有二名)有襄山又有重陰之山有人食獸曰季釐帝俊生季釐故曰季釐之國有緡淵(音昏)少昊生倍伐倍伐降處緡淵有水四方名曰俊壇(水狀似上壇因名舜壇也)有臷民之國(為人黃色)帝舜生無淫降臷處是謂巫臷民

巫臷民朌姓食穀不績不經服也（言自然有布帛也）不稼不穡食也（言五穀自生也種之為稼收之為穡）爰有歌舞之鳥鸞鳥自歌鳳鳥自舞爰有百獸相羣爰處百穀所聚

大荒之中有山名曰融天海水南入焉有人曰鑿齒羿殺之（射殺之也）

有蜮山者有蜮民之國（音惑）桑姓食黍射蜮是食（蜮短狐也似鼈含沙射人中之則病死此山出之亦以名云）有人方扜弓射黃蛇（扜挽也音紆）名曰蜮人

有宋山者有赤蛇名曰育蛇有木生山上名曰楓木楓木蚩尤所棄其桎梏（蚩尤為黃帝所得械而殺之已摘葉其械化而為樹也）

是謂楓木（即今楓香樹）有人方齒虎尾名曰祖狀之尸（音如柤梨之柤）

有小人名曰焦僥之國（皆長三尺）幾姓嘉穀是食

大荒之中有山名㱙塗之山（音朽）青水窮焉（青水出昆侖）有雲雨之山有木名曰欒禹攻雲雨（攻謂槎伐其林木）有赤石焉生欒（言山有精靈復變生此木於赤石之上）黃木赤枝青葉羣帝焉取藥（言樹花實皆為神藥）

有國曰顓頊生伯服食黍有鼬姓之國（音如橘柚之柚）有苕山又有宗山又有姓山又有壑山又有陳州山又有東州山又有白水山白水出焉而生白淵昆吾之師

所浴也（昆吾古王皆號青義曰昆吾山名谿水內出善金二文有異莫知所辨測）有人名曰張弘在海上捕魚海中有張弘之國食魚使四鳥（或曰即奇肱人疑非）有人焉鳥喙有翼方捕魚於海

大荒之中有人名曰驩頭鯀妻士敬士敬子曰炎融生驩頭驩頭人面鳥喙有翼食海中魚杖翼而行（翅不可以飛倚杖之用行而已）維宜芑苣穋楊是食（管子說地所宜云其種穋芑黑黍皆禾類也苣黑黍今字作稼旁起秬𥞊三音）有驩頭之國

帝堯帝嚳帝舜葬于岳山（即秋山也）爰有文貝離俞鴟久鷹賈延維視肉熊羆虎豹朱木赤枝青華玄實有申山者

山海經卷十五

大荒之中有山名曰天臺高山海水入焉

東南海之外甘水之間有羲和之國有女子名曰羲和方日浴於甘淵（羲和蓋天地始生主日月者也故啓筮曰空桑之蒼蒼八極之既張乃有夫羲和是主日月職出入以為晦明又曰瞻彼上大一明一晦有夫羲和之子出於陽谷故堯因此而立羲和之官以主四時其後世遂為此國作日月之象而掌之沐浴運轉之于甘水中以効其出入湯谷虞淵也所謂世不失職耳）羲和者帝俊之妻生十日（言生十子各以日名名之故言生十日數十也）

有蓋猶之山者其上有甘柤枝幹皆赤黃葉白華黑實東又有甘華枝幹皆赤黃葉有青馬有赤馬名曰三騅有視肉有小人名曰菌人（音如朝菌之菌）有南類之山

爰有遺玉青馬三騅視肉甘華百穀所在

新刻山海經卷之十六

晉　郭璞　傳

明　胡文煥　校

大荒西經

西北海之外大荒之隅有山而不合名曰不周負子（淮南子曰昔者共工與顓頊爭帝怒而觸不周之山天維絕地柱折故今此山缺壞不周匝也）有兩黃獸守之有水曰寒暑之水水西有濕山水東有幕山（音莫）有禹攻共工國山（言攻其國殺其臣相柳於此山啟筮曰共工人面蛇身朱髮也）

有國名曰淑士顓頊之子（言亦出自高陽氏也）有神十人名曰

女媧之腸（或作女媧之腹）化為神處栗廣之野（女媧古神女而帝者人面蛇身一日中七十變其腹化為此神栗廣野名媧音瓜）橫道而處（言斷道也）有人名曰石夷來風曰韋（來或作本也）處西北隅以司日月之長短（言察日月晷度之節）有五彩之鳥有冠名曰狂鳥（爾雅云狂夢鳥即此也）

有大澤之長山有白氏之國

西北海之外赤水之東有長脛之國（腳長三丈）有西周之國姬姓食穀有人方耕名曰叔均帝俊生后稷（俊宜為嚳嚳第二妃生后稷也）稷降以百穀稷之弟曰台璽（音胎）生叔均叔均是代其父及稷播百穀始作耕有赤國妻氏有雙山

西海之外大荒之中有方山者上有青樹名曰柜格之松（木名音矩）日月所出入也

西北海之外赤水之西有先民之國食穀使四鳥有北狄之國黃帝之孫曰始均始均生北狄有芒山有桂山有榣山（此山多桂及榣木因名云爾）其上有人號曰太子長琴顓頊生老童（世本云顓頊娶于滕墳氏謂之女祿產老童也）老童生祝融（即重黎也高辛氏火正號曰祝融也）祝融生太子長琴是處榣山始作樂風（創制樂風曲也）有五彩鳥三名一曰皇鳥一曰鸞鳥一曰鳳鳥有蟲狀如菟胷以後者裸不見（言皮色青故不見其裸露）處青如猨狀（狀又似猨）

大荒之中有山名曰豐沮玉門日月所入有靈山巫咸巫即巫朌巫彭巫姑巫真巫禮巫抵巫謝巫羅十巫從此升降百藥爰在（羣巫上下此山采之也）

西有王母之山壑山海山（皆羣大靈之山）有沃之國（言其上饒沃也）沃民是處沃之野鳳鳥之卵是食甘露是飲凡其所欲其味盡存（言其所願滋味此無所不備）爰有甘華甘柤白柳視肉三騅璇瑰瑤碧（璇瑰亦玉名穆天子傳曰枝斯璿瑰旋回二音）白木琅玕（樹色正白今南方有文木亦黑木也）白丹青丹（又有黑丹也孝經援神契曰王者德至山陵而黑丹出然則丹者別是彩名亦猶黑白黃皆云丹也）多銀鐵鸞鳥自歌鳳鳥自舞爰有百獸相羣是處是謂沃之野有三青鳥赤首

黑目一名曰大鵹一名少鵹音黎一名曰青鳥皆西王母所使也有軒轅之臺射者不敢西嚮射畏軒轅之臺敬難黃帝之神

大荒之中有龍山日月所入有三澤水名曰三淖昆吾之所食也穆天子傳曰滔水濁繇氏之所食亦此類也有人衣青以袂蔽面袂袖名曰女丑之尸有女子之國王頎至沃沮國盡東界問其耆老曰國人常乘船捕魚遭風見吹數十日東一國在大海中純女無男即此國也有桃山有䖟山有桂山有于土山有丈夫之國其國無婦人也

有弇州之山五彩之鳥仰天張口噓天名曰鳴鳥爰有百

樂歌儛之風爰有百種伎樂歌儛風曲有軒轅之國其人人面蛇身江山之南棲為吉即窮山之際也山居為棲吉者言無凶夭不壽者乃八百歲壽者數千歲

西海陼中有神人面鳥身珥兩青蛇踐兩赤蛇名曰弇茲

大荒之中有山名曰日月山天樞也吳姖天門日月所入有神人面無臂兩足反屬於頭山名曰噓言噓啼也顓頊生老童老童生重及黎世本云老童娶于根水氏謂之驕福產重及黎帝令重獻上天令黎卬下地古者人神雜擾無別顓頊乃命南正重司天以屬神命火正黎司地以屬民重實上天黎實下地獻卬義未詳也下地是生噎處於

西極以行日月星辰之行次（主察日月星辰之度數次舍也）有人反臂名曰天虞（即尸虞也）有女子方浴月帝俊妻常羲生月十有二此始浴之（羲與羲和浴日同）有玄丹之山（出黑丹也）有五色之鳥人面有髮爰有青鴍（音文）黄鷔（音敖）青鳥黄鳥其所集者其國亡有池名孟翼之攻顓頊之池（孟翼人姓名）

大荒之中有山名曰鏖鏊鉅（鏊音如敖）日月所入者有獸左右有首名曰屏蓬（即并封也語有輕重耳）有巫山者有壑山者有金門之山有人名曰黄姖之尸有比翼之鳥有白鳥青翼黄尾玄喙（奇鳥）有赤犬名曰天犬其所下者有兵（周書云天狗所止地盡傾餘光燭天為流星長十數丈其疾如風其聲如雷其光如電吴楚七國反時吠過梁國者是也）

西海之南流沙之濱赤水之後黑水之前有大山名曰崑崙之丘有神人面虎身有文有尾皆白處之（言其尾以白點駮）其下有弱水之淵環之（其水不勝鴻毛）其外有炎火之山投物輒然（今去扶南東萬里有耆薄國東復五千里許有火山國其山雖霖雨火常然火中有白鼠時出山邊求食人捕得之以毛作布今之火澣布是也即此山之類）有人戴勝虎齒有豹尾穴處名曰西王母（河圖玉版亦曰西王母居崑崙之山西山經曰西王母居玉山穆天子傳曰乃紀名迹于弇山之石曰西王母之山也然則西王母雖以崑崙之宮亦自有離宮別窟遊息之處不專住一山也故記事者各舉所見而言之）此山萬物盡有

大荒之中有山名曰常陽之山日月所入

有寒荒之國有二人女祭女薎或特觶或特俎

有壽麻之國呂氏春秋曰南服壽麻北懷闟耳

南嶽娶州山女名曰女虔女虔生季格季格生壽麻壽麻正立無景疾呼無嚮言其禀形氣有異於人也列仙傳曰玄俗無景爰有大暑不可以往言熱炙殺人也

有人無首操戈盾立名曰夏耕之尸亦形天尸之類故成湯伐夏桀于章山克之于章山名斬耕厥前頭亦在前者耕既立無首走厥咎逃避罪也乃降於巫山自竄于巫山巫山今在建平巫縣

有人名曰吳回奇左是無右臂即奇肱也吳回祝融弟亦為火正也

有蓋山之國有樹赤皮支幹青葉名曰朱木或作朱威木也

有一臂民北極下亦有一腳人見河圖玉版

大荒之中有山名曰大荒之山日月所入有人焉三面是顓頊之子三面一臂無左臂也三面之人不死言人頭三邊各有面也玄菟太守王頎至沃沮國問其耆老云復有一破船隨波出在海岸邊上有一人項中復有面與語不解了不食而死此是兩面人也呂氏春秋曰一臂三面之鄉也是謂大荒之野

西南海之外赤水之南流沙之西有人珥兩青蛇乘兩龍名曰夏后開開上三嬪于天嬪婦也言獻美女于天帝得九辯與九歌以下皆天帝樂名也開登天而竊以下用之也開筮曰昔彼九冥是與帝辯同宮之序是為九歌又曰不得竊辯與九歌以國于下義具見于歸藏此穆天之野高二

千仞竹書曰顓頊產伯鯀是維若陽居天穆之陽也開焉得始歌九招竹書曰夏后開舞九招也

有互人之國人面魚身炎帝之孫炎帝神農名曰靈恝音如券契之契靈恝生互人是能上下于天言能乘雲雨也有魚偏枯名曰魚婦顓頊死即復蘇言其人能變化也風道北來天乃大水泉言泉水得風暴溢出道猶從也韓非曰玄鶴二八道南方而來蛇乃化為魚是謂魚婦顓頊死即復蘇淮南子曰后稷龍在建木西其人死復蘇其中為魚蓋謂此也有青鳥身黃赤足六首名曰鸀鳥音觸有大巫山有金之山西南大荒之中隅有偏勾常羊之山

按夏后開即啟避漢景帝諱云

新刻山海經卷之十七

晉 郭璞 傳
明 胡文煥 校

大荒北經

東北海之外大荒之中河水之閒附禺之山帝顓頊與九嬪葬焉此皆殊俗義所作冢爰有鵄久文貝離俞鸞鳥鳳鳥大物小物言備有也有青鳥琅鳥玄鳥黃鳥虎豹熊羆黃蛇視肉璿瑰瑤碧皆出衛於山在其山邊也丘方圓三百里丘南帝俊竹林在焉大可為舟言舜林中竹一節則可以為船也竹南有赤澤水水色赤也名曰封淵封亦大也有三桑無枝

皆高百仞丘西有沉淵顓頊所浴

有胡不與之國一國復名耳今胡夷語皆通然烈姓黍食

大荒之中有山名曰不咸有肅慎氏之國今肅慎國去遼東三千餘里穴居無衣猪皮冬以膏塗體厚數分用却風寒其人皆土射弓長四尺勁彊箭以楛為之長尺五寸青石為鏑此春秋時隼集陳侯之庭所得矢也晉大興三年平州刺史崔毖遣別駕高會使來獻肅慎氏之弓矢箭鏃有似銅骨作者問云轉與海內國通得用此今名之為挹婁國出好貂赤玉豈從海外轉而至此乎後漢書所謂挹婁者是也有蜚蛭四翼蜚室兩音有蟲獸首蛇身名曰琴蟲亦蛇類也有人名曰大人有大人之國釐姓黍食有大青蛇黃頭食麈今南方蚺蛇食鹿鹿亦麈屬也有榆山有鯀攻程州之山皆因其事而名物也

大荒之中有山名曰衡天有先民之山有槃木千里（音盤）有叔歜國（音作感反一音觸）顓頊之子黍食使四鳥虎豹熊羆有黑蟲如熊狀名曰猎猎（或作獡音夕同）有北齊之國姜姓使虎豹熊羆

大荒之中有山名曰先檻大逢之山河濟所入海北注焉（河濟注海已復出海外入此山中也）其西有山名曰禹所積石有陽山者有順山者順水出焉

有始州之國有冊山（此山純出冊朱也竹書曰和甲西征得一冊山今所在亦有冊山冊出土穴中）

有大澤方千里羣鳥所解（穆天子傳曰北至廣原之野飛鳥所解其羽乃於此

獵鳥獸絕羣載羽百車竹書亦曰穆王北征行流沙千里積羽千里皆謂此澤也）有毛民之國（其人面體皆生毛）依姓食黍使四鳥禹生均國均國生役釆（釆一作來）役釆生修鞈（音如單袷之袷）修鞈殺綽人（人名）帝念之潛為之國（潛密用之為國）是此毛民

有儋耳之國任姓（其人耳大下儋垂在肩上朱崖儋耳鏤畫其耳亦以放之也）禺號子食穀北海之渚中（言在海島中種粟給食諸禺彊也）有神人面鳥身珥兩青蛇踐兩赤蛇名曰禺彊

大荒之中有山名曰北極天櫃（音匱）海水北注焉有神九首人面鳥身名曰九鳳又有神銜蛇操蛇其狀虎首人身四蹄長肘名曰彊良（亦在畏獸畫中）

大荒之中有山名曰成都載天有人珥兩黃蛇把兩黃蛇名曰夸父后土生信信生夸父夸父不量力欲追日景逮之於禺谷（禺淵日所入也今作虞）將飲河而不足也將走大澤未至死于此（渴死）應龍已殺蚩尤又殺夸父（上云夸父不量力與日競而死今此復云為應龍所殺死無定名觸事而寄明其變化無方不可揆測）乃去南方處之故南方多雨（言龍水物以類相感故也）又有無腸之國是任姓（為人長也）無繼子食魚（繼亦當作脊謂膞腸也）共工臣名曰相繇（相柳也語聲轉耳）九首蛇身自環（言轉旋也）食于九土（言貪殘也）其所歍所尼（歍嘔猶噴吒尼止也）即為源澤（言多氣力）不辛乃苦（言氣酷烈）百獸莫能處（言畏之也）禹湮洪水殺相繇（禹塞洪水由以

溺殺之也）其血腥臭不可生穀其地多水不可居也（言其膏血滂流成淵水也）禹湮之三仞三沮（言禹以土塞之地陷壞也）乃以為池羣帝是因以為臺（地下宜積土故衆帝因來在此共作臺）在崑崙之北有岳之山尋竹生焉（尋大竹名）

大荒之中有山名曰不句海水入焉有係昆之山者有共工之臺射者不敢北嚮（言畏之也）有人衣青衣名曰黃帝女魃（音如旱魃之魃）蚩尤作兵伐黃帝黃帝乃令應龍攻之冀州之野（冀州中土也黃帝亦殺虎豹熊羆以與炎帝戰于阪泉之野而滅之見史記）應龍畜水蚩尤請風伯雨師縱大風雨黃帝乃下天女曰魃雨止遂殺蚩尤魃不得復上所居不雨（旱氣

在也叔均言之帝後置之赤水之北遠徙之也叔均乃為田祖主田之官詩云田祖有神魃時亡之畏見逐也所欲逐之者令曰神北行向水位也先除水道決通溝瀆言逐之必得雨故見先除水道今之逐魃是也

有人方食魚名曰深目民之國盼姓食魚亦胡類但眼絕深黃帝時姓也

有鍾山者有女子衣青衣名曰赤水女子獻神女也

大荒之中有山名曰融父山順水入焉有人名曰犬戎黃帝生苗龍苗龍生融吾融吾生弄一作下明弄明生白犬白犬有牝牡言自相配合也是為犬戎肉食有赤獸

馬狀無首名曰戎宣王尸犬戎之神名也

有山名曰齊州之山君山鬵山音潛鮮野山魚山有人一目當面中生一曰是威姓少昊之子食黍有繼無民繼無民任姓無骨子食氣魚言有無骨人也尸子曰徐偃王有筋無骨

西北海外流沙之東有國曰中輪顓頊之子食黍有國名曰賴丘有犬戎國有神人面獸身名曰犬戎

西北海外黑水之北有人有翼名曰苗民三苗之民顓頊生驩頭驩頭生苗民苗民釐姓食肉有山名曰章山

大荒之中有衡石山九陰山洞野之山上有赤樹青葉赤華名曰若木生崑崙西附西極其華光赤下照地有牛黎之國有

人無骨儋耳之子儋耳人生無骨子也

西北海之外赤水之北有章尾山有神人面蛇身而赤身長千里直目正乘直目目從也正乘未聞其瞑乃晦其目乃明言視為晝眠為夜也不食不寢不息風雨是謁言能請致風雨是燭九陰照九陰之幽隱也是謂燭龍離騷曰日安不到燭龍何燿詩含神霧曰天不足西北無有陰陽消息故有龍銜精以往照天門中云淮南子曰蔽于委羽之山不見天日也

新刻山海經卷之十八

晉　郭璞　傳

明　胡文煥　校

海内經

東海之内北海之隅有國名曰朝鮮天毒其人水居朝鮮今樂浪郡也天毒即天竺國貴道德有文書金銀錢貨浮屠出此國中也晉大興四年天竺胡王獻珍寶偎人愛之偎亦愛也音隱隈反

西海之内流沙之中有國名曰壑市音郝

西海之内流沙之西有國名曰氾葉音如氾濫之氾

流沙之西有鳥山者三水出焉三水同出一山也爰有黃金

璿瑰丹貨銀鐵皆流于此中言其中有雜珍奇寶也又有淮山好水出焉

流沙之東黑水之西有朝雲之國司彘之國黃帝妻雷祖生昌意世本云黃帝娶于西陵氏之子謂之纍祖產青陽及昌意昌意降處若水生韓流竹書云昌意降居若水產帝乾荒乾荒即韓流也生帝顓頊韓流擢首謹耳擢首長咽謹耳未聞人面豕喙麟身渠股渠車輞言跰腳也太傳曰大如車渠豚止止足取淖子曰阿女生帝顓頊世本云顓頊母濁山氏之子名昌僕

流沙之東黑水之間有山名不死之山即員丘也華山青水之東有山名曰肇山有人名曰栢高栢子高仙者也栢高

上下於此至于天(言翺翔雲天往來此山也)

西南黑水之間有都廣之野后稷葬焉(其城方三百里蓋天下之中素女所出也離騷曰絕都廣野而直指號)爰有膏菽膏稻膏黍膏稷(言朱好皆滑如膏外傳曰膏粱之子菽豆粱粟也)百穀自生冬夏播琴(播琴猶播殖方俗言耳)鸞鳥自歌鳳鳥自儛靈壽實華(靈壽木名也似竹有扶節)草木所聚(在此叢殖也)爰有百獸相羣爰處(於此羣聚)此草也冬夏不死

南海之內黑水青水之間有木名曰若木(樹赤華青)若水出焉有禺中之國有列襄之國有靈山有赤蛇在木上名曰蝡蛇木食(言不食禽獸也蝡音如耎弱之弱)

有鹽長之國有人焉鳥首名曰鳥氏(今佛書中有此人即鳥夷也)

有九丘以水絡之(絡猶繞也)名曰陶唐之丘(陶唐堯號)有叔得之丘孟盈之丘昆吾之丘(此山出名金也尸子曰昆吾之金)黑白之丘赤望之丘參衛之丘武夫之丘(此山出美石)神民之丘(言上有神人)有木青葉紫莖玄華黃實名曰建木百仞無枝有九欘(枝回曲也音如斤斸之斸)下有九枸(根盤錯也淮南子曰木大則根欋音劬)其實如麻(似麻子也)其葉如芒(芒木似棠梨也)大皞爰過(言庖羲於此經過也)黃帝所為(言治護之也)有窫窳龍首是食人(在弱水中)有青獸人面名曰猩猩(能言)

西南有巴國(今三巴是)大皞生咸鳥咸鳥生乘釐乘釐生

後照後照是始為巴人為之始祖有國名曰流黃辛氏即酆氏也其域中方三百里其出是塵土言殷盛也有巴遂山澠水出焉又有朱卷之國有黑蛇青首食象即巴蛇也

南方有贛巨人即梟陽也音感人面長臂黑身有毛反踵見人笑亦笑脣蔽其面因即逃也又有黑人虎首鳥足兩手持蛇方啗之

有羸民鳥足音盈有封豕大豬也羿射殺之有人曰苗民三苗民也有神焉人首蛇身長如轅大如車轂澤神也左右有首岐頭衣紫衣冠旃冠名曰延維委蛇人主得而饗食之伯天下齊桓公出田於大澤見之遂霸諸侯亦見莊周作朱冠有鸞鳥自歌鳳鳥自舞

鳳鳥首文曰德翼文曰順膺文曰仁背文曰義見則天下和言和平也又有青獸如菟名曰菌狗音如朝菌之菌有翠鳥有孔鳥孔雀也

南海之內有衡山南嶽有菌山音芝菌之菌有桂山或云衡山有菌桂桂員似竹見本草有山名三天子之都一本三天子之鄣山

南方蒼梧之丘蒼梧之淵其中有九嶷音疑山舜之所葬在長沙零陵界中山今在零陵營道縣南其山九谿皆相似故云九疑古者總名其地為蒼梧也

北海之內有蛇山者蛇水出焉東入于海有五彩之鳥飛蔽一鄉漢宣帝元康元年五色鳥以萬數過蜀都即此鳥也名曰翳鳥鳳屬也離騷曰駟玉虬而乘翳又有不距之山巧倕葬其西倕堯

巧工也音端
北海之内有反縛盜械帶戈常倍之佐名曰相顧之
尸亦貳負臣危之類伯夷父生西岳西岳生先龍先龍是始
生氐羌氐羌乞姓伯夷父顓頊師今氐羌其苗裔也
北海之内有山名曰幽都之山黑水出焉其上有玄
鳥玄蛇玄豹玄虎黑虎名儵見爾雅玄狐蓬尾蓬叢也阻留反說苑曰蓬
狐文豹之皮有大玄之山有玄丘之民言丘上人物盡黑也有大幽
之國即幽民也完居無衣有赤脛之民膝已下正赤色
有釘靈之國其民從膝已下有毛馬蹄善走詩含神霧曰馬
蹄自鞭其蹄日行三百里

炎帝之孫伯陵伯陵同吳權之妻阿女緣婦同猶通言淫之
也吳權人姓名緣婦孕三年孕懷身也是生鼓延殳始為侯三子名也
殳音殊鼓延是始為鍾世本云毋句作磬倕作鍾為樂風作樂之曲制
黃帝生駱明駱明生白馬白馬是為鯀即禹父也世本曰黃帝生
昌意昌意生顓項顓項生鯀帝俊生禺號禺號生淫梁淫梁生番
禺是始為舟世本云共鼓貨狄作舟番禺生奚仲奚仲生吉光
吉光是始以木為車世本云奚仲作車此言吉光明其父子共創作意是以互稱之
少皞生般音班般是始為弓矢世本云牟夷作矢揮作弓弓矢一器作者兩人
於義有疑此言班之作是帝俊賜羿彤弓素矰彤弓朱弓矰矢名以白羽羽之外傳
白羽之矰望之如荼也以扶下國言令羿以射道除患扶助下國羿是始去恤

下地之百艱（言射殺鑿齒封豕之屬也有窮后羿慕羿射故號此名也）有帝俊生晏
龍晏龍是為琴瑟（世本云伏羲作琴神農作瑟）帝俊有子八人是
始為歌舞帝俊生三身三身生義均義均是始為巧
倕是始作下民百巧后稷是播百穀稷之孫曰叔均
是始作牛耕（始用牛犂）大比赤陰（或作音）是始為國（得封為國）禹
鯀是始布土均定九州（布猶敷也書曰禹敷土定高山大川）炎帝之妻
赤水之子聽訞生炎居炎居生節並節並生戲器戲
器生祝融（祝融高辛氏火正號）祝融降處于江水生共工共工
生術器術器首方顛（頭頂平也）是復土穰以處江水（復祝融之
所也）共工生后土后土生噎鳴噎鳴生歲十有二（生十二子

皆以歲名名之故云然）洪水滔天（滔漫也）鯀竊帝之息壤以堙洪
水（息壤者言土自長息無限故可以塞洪水也開筮曰滔滔洪水無所止極伯鯀乃以息石息壤以堙
洪水漢元帝時臨淮徐縣地踊長五六里高二丈即息壤之類也）不待帝命帝令祝
融殺鯀于羽郊（羽山之郊）鯀復生禹（開筮曰鯀死三歲不腐剖之以吳刀化為
黃龍也）帝乃命禹卒布土以定九州（鯀績用不成故復命禹終其功）

新刻山海經卷之十八終

图书在版编目（CIP）数据

新刻山海经 /（明）胡文焕校刻 .—影印本 .—北京：中国书店，2013. 8

（中国书店藏珍贵古籍丛刊）

ISBN 978-7-5149-0817-6

Ⅰ.①新… Ⅱ.①胡… Ⅲ.①历史地理—中国—古代 Ⅳ.①K928.631

中国版本图书馆 CIP 数据核字（2013）第 118645 号

ISBN 978-7-5149-0817-6

9 787514 908176 >

中國書店藏珍貴古籍叢刊

新刻山海經

附 新刻山海經圖

一函四册

作者 明・胡文煥 校刻

出版發行 中國書店

地址 北京市西城區琉璃廠東街一一五號

郵編 一〇〇〇五〇

印刷 金壇古籍印刷廠

版次 二〇一三年八月第一版第一次印刷

書號 ISBN 978-7-5149-0817-6

定價 九八〇元